财经新知文丛·体验系列

体验农业保险

田娟娟　编著

中国财经出版传媒集团

经济科学出版社
Economic Science Press

图书在版编目（CIP）数据

体验农业保险／田娟娟编著．—北京：经济科学
出版社，2020.5
（财经新知文丛．体验系列）
ISBN 978 - 7 - 5218 - 1451 - 4

Ⅰ．①体…　Ⅱ．①田…　Ⅲ．①农业保险 – 基本知识 –
中国　Ⅳ．①F842.66

中国版本图书馆 CIP 数据核字（2020）第 055937 号

责任编辑：白留杰　侯晓霞
责任校对：蒋子明
责任印制：李　鹏　范　艳

体验农业保险
田娟娟　编著
经济科学出版社出版、发行　新华书店经销
社址：北京市海淀区阜成路甲 28 号　邮编：100142
教材分社电话：010 - 88191354　发行部电话：010 - 88191522
网址：www. esp. com. cn
电子邮件：bailiujie518@ 126. com
天猫网店：经济科学出版社旗舰店
网址：http：//jjkxcbs. tmall. com
北京密兴印刷有限公司印装
880 × 1230　32 开　4. 75 印张　110000 字
2020 年 8 月第 1 版　2020 年 8 月第 1 次印刷
ISBN 978 - 7 - 5218 - 1451 - 4　定价：19. 00 元
（图书出现印装问题，本社负责调换。电话：010 - 88191510）
（版权所有　侵权必究　打击盗版　举报热线：010 - 88191661
QQ：2242791300　营销中心电话：010 - 88191537
电子邮箱：dbts@esp. com. cn）

编委会名单

主　编　刘明晖　梁　峰
成　员　（按姓氏笔画排序）
　　　　王　涛　田娟娟　白留杰
　　　　孙泽华　李晓庆　邱晓文
　　　　张　芳　郑琳琳　段永军
　　　　贾玉衡　郭　莹　梁　爽

总　序

　　党的十八大以来，以创新、协调、绿色、开放、共享为核心的新发展理念日益深入人心。五大发展理念，符合中国国情和发展阶段的基本特征，顺应了时代要求，指明了"十三五"乃至更长时期我国的发展思路、发展方向和发展着力点。深入理解、准确把握新发展理念的科学内涵和实践要求，对于我国破解发展难题，厚植发展优势，实施乡村振兴战略，实现"两个一百年"奋斗目标，具有重大现实意义和深远历史意义。

　　创新是引领发展的第一动力。发展动力决定发展速度、效能、可持续性。树立创新发展理念，就必须把创新摆在国家发展全局的核心位置，不断推进理论创新、制度创新、科技创新、文化创新等各方面创新，让创新贯穿党和国家的一切工作，让创新在全社会蔚然成风。

　　协调是持续健康发展的内在要求。树立协调发展理念，重点在于促进城乡区域协调发展，促进经济社会协调发展，促进新型工业化、信息化、城镇化、农业现代化同步发展，在增强国家硬实力的同时注重提升国家软实力，不断增强发展整体性。

　　绿色是永续发展的必要条件和人民对美好生活追求的重要体现。绿色发展，就是要解决好人与自然和谐共生问题，就是要走生产发展、生活富裕、生态良好的文明发展道路，推动清洁生产和绿色消费，加快建设资源节约型、环境友好型社会，形成人与自然和谐发展的现代化建设新格局，推进美丽中国建设，为全球生态安全做出新贡献。

开放是国家繁荣发展的必由之路。树立开放发展理念，就是要顺应我国经济深度融入世界经济的趋势，奉行互利共赢的开放战略，推动"一带一路"国际合作，积极参与全球经济治理和公共产品供给，提高我国在全球经济治理中的话语权，推动构建人类命运共同体。

共享是中国特色社会主义的本质要求。共享发展就要让全体人民共享国家经济、政治、文化、社会、生态文明各方面建设成果。树立共享发展理念，就是要坚持发展为了人民、发展依靠人民、发展成果由人民共享，做出更有效的制度安排，使全体人民在共建共享发展中有更多获得感，增强发展动力，增进人民团结，朝着共同富裕方向稳步前进。

五大发展理念，是我国引领中长期发展的理念。创新发展，是我国经济进入新常态后培育新动力的必然选择；协调发展，是缩小发展差距，解决地区之间、城乡之间发展不平衡的重要举措；绿色发展，是协调人与自然关系、还人民群众一个天蓝地绿水清的宜居环境的客观要求；开放发展，是统筹国内外发展，由"追赶""跟随"到"引领"并为世界发展贡献中国智慧的必由之路；共享发展，是让人民有更多获得感、让群众生活更美好的重要途径。

为了使读者深入理解和准确把握新发展理念的科学内涵，了解新发展理念在实践中的具体运用，我们响应党和国家关于"全民阅读"的系列计划与行动倡议，组织有关专家编写了这套"财经新知文丛"书系。"文丛"为开放性通俗读本，结合读者对于财经问题的关切，分别以不同的主题系列陆续推出。

"财经新知文丛·体验系列"首批共推出八本，具体包括：《体验"一带一路"》《体验双创生活》《体验微型金融》《体验绿色消费》《体验智慧城市》《体验微商经营》《体验特色小镇》《体验健康服务》。本丛书分别从不同的视角，展示新发展理念的生动实践，以及对我们日常生活的影响，对于开拓我们的视野，启迪我们的智慧，丰富我们的生活，将有很大的帮助。今后，我们还将根据社会发展和广大读者的需要，进一步推出新的内容。

为了能使读者在获取知识的同时享受阅读的快乐，本丛书遵循了以下原则。

1. 内容上力争积极、正面、严谨、科学，使读者在获取相关知识的同时在思想上有所启迪。

2. 形式上力求用较为通俗易懂的语言，深入浅出地介绍通识性知识、讲述基础性内容，使读者在获取知识的同时体验阅读的愉悦感。

3. 结构上避免专著与教材的呆板模式，按"问题"方式展开全书内容，适当插入一些"专家论道"和"百姓茶话"等小资料，使版式设计宽松活泼，让读者在获取知识的同时体验阅读的舒适感。

梁　峰

2018 年 2 月

前　　言

　　一分耕耘一分收获，秋收的喜悦来自于春种的付出和劳作。对于广大农业生产者来说，风调雨顺是农作物生长的保证，而现实中往往并不尽如人意，农业自然灾害时有发生。尽管人们的农业生产经验越来越丰富、技术水平越来越高，但在自然灾害等重大事故面前常是无能为力。我国是农业大国，在几千年的发展历史中，农业不仅为人类社会进步提供了丰富的物质基础，更是国民经济稳定、百姓安居乐业的保障。因此，防范农业风险、维护农业生产安全，关系到民生，关系到国计。

　　保障是保险的最核心功能。农业保险因降低农业生产过程中的经济损失而带来的保障是无法取代的，它的存在，可以有效地防范农业风险、减少农业灾害损失，营造良好的农业生产环境。近年来，政府大力支持农业保险的发展。2007 年至今，每一年的"中央一号"文件都会提及农业保险，涵盖农业保险补贴、农业保险产品创新、农业保险制度完善方方面面，这充分说明我国政府对农业保险发展重要性的认可，同时也指明了农业保险今后的发展方向和发展路线，一个多层次、广覆盖的"三农"保险保障体系逐渐确立。

　　越来越多的农业生产者开始认识到农业保险的重要性，参加农业保险是维护自身利益的有效措施。随着政府支持力度的加大，我国农业保险的参保率不断提升、保费收入的规模不断增加，积极推动了保险公司对农业保险新品种的开发，农业保险的覆盖范围不断扩大。由此而来，越来越多的农业生产者可以根据自身的实际情况，选择适合的农业保险产品。当然，农业保险也并不是被所有人所接受，部分农业生产者投保的积极性并不高。一方面受限于对农业保险领域专业知识的获取，另一方面现有的农业保险制度也并不是尽善尽美，审批周期、赔付金额和保费支出等一系列问题已超出了他们的承受极限。加大宣传并普及农业保险知识，不断建立健全农业保险服务体系对农业保险市场中的任何一个参与者都是大有裨益的。

本书立足于我国农业供给侧结构性改革的内在要求，在结构安排上遵循问题解答式的逻辑导向，对农业保险领域的理论和实践进行展开阐述，通过体验式、启发式的思维方式，由浅入深、循序渐进，力求通俗易懂。在内容安排上，从农业生产者的切身感受出发，设身处地地思考以下这些问题：第一，农业保险如何能够为广泛而复杂存在的农业风险带来有针对性的防范和补救？第二，在农业保险的参与者中，不同需求主体的风险特征有何不同？针对这些特征所对应的农业保险种类是什么？第三，参加农业保险，从投保到认知，再到理赔，每一环节如何能做到心中有数？第四，农业保险自身存在哪些问题？这些问题所带来的风险如何化解？跟客观存在的不足相比，人们更想知道解决问题的方法，在不断的认知和改进中，农业保险也在不断朝着更好的方向发展。通过本书对农业保险深入浅出的介绍，力图使读者身临其境地感受到农业保险对农业经济发展的重要意义。

未来，农业保险对于农业生产的保障、农业风险的抵御仍然任重而道远。随着我国金融改革的日益深入，农业保险的创新与发展也渐渐驶入快车道。有一点可以肯定的是，农业保险作为现代农业的"保护伞"，必将持续为广大农业生产者分担农业风险、解决农业生产的后顾之忧，不断落实在农业领域利民惠民的己任，为"三农"提供更有效率的服务和风险保障。

田娟娟

2019 年 9 月

目　　录

问题一　为什么传统农业靠天吃饭
——理解农业风险

大雨滂沱几时休？

如果有人问，"瑞雪兆丰年""春光一刻值千金，廿四个节气勿等人""春打六九头，穷人苦出头"这些谚语与什么产业最相关，那么脱口而出的肯定是农业。自古农业靠天吃饭，这样比方并不为过，因为气候条件对农业生产的影响相当大。农户辛苦播种的农产品，很可能因为一场台风或者暴雨而颗粒无收。

2019 年夏季一开始，就从各地不断传来洪涝灾害致使农业受灾的消息。从了解比较多的茶产业看，今年属于雨水超量的年份，尤其在南方各省的山区和丘陵地带，超过平常年份的雨水带来洪涝、滑坡、泥石流等灾害，给山区的农业产业带来不小影响。

比如 6 月中旬以来，浙江中北地区连降大雨暴雨，位于龙井茶钱塘产区的杭州淳安、桐庐等地茶园水淹严重。茶专家说，如果浸水 1 周以上，新栽茶苗的成活率就会大大下降。而到了 6 月下旬，广西苍梧县出现持续性强降雨，苍梧县六堡茶核心产区六堡镇因此出现严重洪涝灾情，洪水淹没了镇区许多楼房的一层，镇上的企业、合作社、六堡茶经销店遭受了不同程度的损失，各村茶园、苗圃也发生了塌方、洪水淹没的情况。7 月上旬，福建武夷山市开始连续强降雨，很多茶园沦为泽国，甚至一些石座式茶园也有被泥石流冲毁的可能。如果洪水持久不退，这些茶树死亡的可能性大。

随着国家抗灾救灾能力的提升，洪涝灾害带来的最大损失往往是物质财产。比如此次洪涝灾害中，据苍梧县六堡茶产业发展中心不完全统计，六堡镇六堡茶产业受灾造成经济损失约2895万元；另有因为交通、通信未通无法统计的农户初步预计经济损失约400万元，全部合计约3295万元。在这里，我们不得不着重说明：即使茶园在专业人士的指导下，可以针对平地茶园、苗圃地采取预防措施，并在洪涝灾后采取一系列补救措施，但农业生产大多是敞开在大自然中长时间进行的，作物与财产损失在所难免。

资料来源：赵光辉. 大雨滂沱，怎不让人想起"农业保险"？[N]. 中华合作时报，2019 – 07 – 19（A07）.

【导读】 农业风险是人们在从事农业生产和经营过程中所遭受的不可抗力的不确定事件。农业生产和经营过程中各种风险因素复杂多样，导致农业风险也具有广泛性、复杂性和多样性。农业生产经营会面临哪些风险？我国农业自然灾害的特征是什么？这些农业风险事故会带来什么样的损失？通过本章，正确认识农业风险。

一、农业生产经营会面临哪些风险

（一）自然风险

自古以来，风调雨顺、五谷丰登是人们对农业的美好祈求。农耕文明时期，民以食为天，农为邦之本，食是民的根本，而农耕是食的根本，本质上需要顺天应命，需要守望田园，需要辛勤劳作。清晨，天刚刚蒙蒙亮，农户就赶紧起床，背上锄头，带一点干粮、水，去田里劳作，等到日上三竿，吃一点简餐，稍作休息,继续劳作,直至日落西山,才收拾锄具,带着疲惫的身子回家。这是农忙时,大多数农户的真实写照。春天播种,秋天收获,中间辛勤耕耘,夏天祈祷不要干旱,秋收时祈祷不要下雨。在传统农业模式中,农户们的收入绝大部分取决于"老天",因为他们不能控制天气,不能提前预知自然灾害,别说致富了,很多人辛勤劳动一年的成果有时也会被"老天"收回,真的是欲哭无泪。

农业区别于其他产业的特点是农业的主要活动都是在露天进行的,这就决定了农业的生产、经营活动更直接和紧密地依赖于自然界的力量,也最易受自然界的影响,在人类拥有的知识技术手段还未能更好地克服自然界的影响时,农业已成为自然风险最大最集中的行业。自然风险,是指由于自然力的不规则变化,引起的种种物理、化学现象造成损失机会的风险,也就是通常所说的自然灾害。农业的自然风险主要表现在气象灾害、病害和虫害三个方面。特别是我国地缘辽阔,地理环境和气候千差万别,农业风险更加复杂。近年来,由于温室效应而带来的全球气候变化明显,包括我国在内的世界各地自然灾害频发,农业的自然风险有日趋增强的趋势。

总的来看,农业自然风险呈现出以下特点:

第一,自然风险的破坏性。在较低的农业生产力水平条件下,较大的自然灾害是无法抵御的,因而它的破坏性特别突出。一场冰雹过来,可能导致颗粒无收;一场水灾或旱灾可造成大片农田被淹没或禾苗干枯以至大幅度减产。

第二,自然风险的不可预测性。科学技术发展到今天,对自然灾害的有效控制能力极为有限,对其发生原因,特别是大气环流尚无踪迹可循,故难做到事先预测。

第三,自然风险的区域性。从地理上讲,不同区域面临不同的自然灾害，如山区就有山洪暴发之灾，沿海地区面临海啸、台风之险。

第四，自然风险的内部差异性。农业内部包括种植业、林业、牧业、副业和渔业，种植业又可分为粮食作物、经济作物、其他作物，甚至细分下去。各种农业生产部门的生产特性不同，所面临的自然风险就有差异，农作物易受水灾、旱灾之险，畜牧业多遇疾病之险，森林则易遭火灾。

第五，自然风险的季节性。农业生产具有季节性，加上某些自然现象的发生也具有时间差异性，两者共同作用，农业的自然风险具有季节性。

第六，自然风险的多重性。由于某些自然灾害的发生具有并发性，如旱灾与病虫灾，两者有时同时发生，还有台风—暴雨—洪涝—滑坡形成的灾害链，造成农业风险的多重性，让农业生产者措手不及。

（二）市场风险

对于农户来说，收成多不算本事，卖了好价钱才叫丰收，"谷贱伤农"的情形谁都不愿意发生。这里想强调的就是管理农业市场风险的重要性。来自市场的不确定性也是农户需要面对的一个常见农业风险。

农业的市场风险，也称经济风险，一般是指在农业生产和农产品销售过程中，由于市场供求失衡、农产品价格的波动、经济贸易条件等因素变化、资本市场态势变化等方面的影响，或者由于经营管理不善、信息不对称、市场前景预测偏差等导致农户经济上遭受损失的风险。其中，价格波动是影响农业生产的重要因素，这种影响既可能是农业生产所需的生产资料价格上涨，又有可能是农产品价格的下跌，还可能是农业所需生产资料价格上涨高于农产品价格上涨。由于农业生产的周期较长导致市场调节的滞后性，农产品的价格易发生较大的变动。然而，由于计划经济时代我国所实行的统购统销以及严格的价格管制等制度安排，农业的市场风险表现得并不明显。但改革开放以来，伴随着市场化进程的加快，农产品流通体制的改革以及价格管制的逐步放开，农产品价格波动幅度和频率都在增强，市场风险对农业的影响不可小觑。

市场风险是一种客观经济现象，然而农业的市场风险却更具特殊性：首先，市场经济是通过价格与供求关系的相互影响、相互调节来决定整个社会生产什么、生产多少和如何生产。由于农业生产的周期长，使生产的决定与产品的销售在时间上是不一致的，因而农产品供求受价格影响的变化往往需要一个过程，有一定时滞，这就是蛛网理论所描述的那种特殊的市场运行过程。农产品市场运动的这种特殊性决定了农业对市场变化的应急能力低下，更易遭受市场风险。其次，农业生产具有明显的季节性和阶段性，一方面受自然因素的限制，众多农业生产者作出生产决策的时机基本上是相同的，因此他们据以作出决策所依据的价格也是同一时期的；另一方面，农业生产周期长短也是基本一致的，这样上一期价格的升降引起各个生产者下一期供给量同时同向的变化，因此，农业生产会常常处于一种不均衡状态，遭受市场风险，即剧烈价格波动影响的可能性大。再次，农业生产具有显著的地域性。生物尤其是植物的生长繁殖，对于气候条件的反应特别敏感，因而要求也特别严格，例如香蕉、橡胶等热带和亚热带作物，在广东、福建和云南等省区适合大面积种植，这就形成专业化的农业区域。这种生产若遇到交通阻隔、流通不畅就会遭受价格波动和市场风险。最后，农业的经营单位规模一般不宜太大，不像工业那样有很大的利用规模经济的余地，一般在农产品市场上很难形成垄断价格，加上农户获得信息的不充分，致使农业的市场风险性加大。

"蛛网现象"的一个例子

"蛛网现象"具体来说就是由于农业生产存在较长时间的时滞，而且生产者往往根据上一轮的价格来决定下一轮的生产。于是，农户很可能在某种农作物价格高涨之时，一窝蜂似地扩充生产，而到了下一轮收获期时，该农作物的丰收将会大幅度降低它的价格，低价会打击农户的生产积极性，让他们选择大量减产；下一轮收获期又会由于产量降低而抬升价格，从而再次引发农户的投入。随着价格与产量轮流波动，供给曲线与需求曲线交织成蜘蛛网的形状。

养猪市场起起伏伏，人们戏称为"猪周期"，这背后的经济学原理就是"蛛网现象"。当仔猪、母猪和育肥猪存栏数较少时，肥猪供不应求，肉价暴涨，养猪的利润较大。在利益的驱使下，人们养猪的积极性比较高，一哄而上，修猪圈办猪场，出现养猪热。随着价格上涨，养猪户则大量选留育成母猪和成年母猪进行仔猪繁育，这样又使进入生猪市场的育肥猪进一步减少，猪价、肉价再次上涨。当大批仔猪通过6个月左右的饲养期出栏时，肥猪的供求开始发生变化，即由供不应求逐渐变为供大于求，毛猪、猪肉价格下滑，进入下跌期。当跌到成本价以下时，养猪户便不积极补栏，从而出现仔猪滞销。随着肥猪、仔猪价格的进一步下跌，养猪的亏损更加严重，这时人们开始屠宰母猪，养猪生产开始进入低谷。此时，肥猪仔猪的市场供给数量大而价格低，出现滞销，饲养户亏损严重从而大量淘汰成年母猪，甚至怀孕母猪，导致生产后劲不足，供小于求，毛猪、猪肉价格又开始上涨。

（三）技术风险

先进科技在降低农业对自然资源的依赖，促进农业生产发展的同时，也会带来一定风险。农业技术风险是指由于农户缺乏农业技术或某些技术在应用后产生的不确定副作用，对农业生产经营活动所造成的损失。技术风险轻者可以造成减产、效益下降，严重者造成绝收，血本无归。

农业的技术风险来自于农业技术经济绩效的不确定性、农业技术应用的复杂性和农户素质状况。农业技术多以知识形态存在，即便如作物、牲畜品种等以实物形态存在，也很难直观辨别其优劣，这对技术使用者的知识和素质提出了一定要求。过去小农式的自给自足的生产方式，靠"干中学"的经验来控制风险，这一问题尚不突出。但从 20 世纪 80 年代中期开始，规模种养、高新技术农业开始出现，农业大量使用新设备、新技术，但技术服务队伍和组织机构缺位，新的农业技术推广体系还未完全形成，随着农业市场化步伐的加快，农户对科技的需求量大幅度增加，农业生产越来越依靠新技术、新产品，每项农业新技术均有其适用性，运用于不同对象时，可能由于自身局限性导致无法实现其本应实现的效益，也可能由于自然条件或市场需求的变化导致其丧失优势。农业经营者的技术风险日益加大，对农产品质量标准、生态环境和能源的要求越来越高，经营这类产品的风险也在相对提高。

二、在农业生产中面临的自然灾害有哪些

自然灾害是以自然变异为主要原因而给人类的生存和社会发展带来不利后果的祸害。我国是一个多自然灾害的国家，南涝北

旱、台风、地震、沙尘暴等多种自然灾害给人民的生活和社会经济发展带来了巨大损失。因此，认识自然灾害的发生、发展规律、分布规律，对农业生产来说意义重大。

（一）气象灾害

气象灾害主要包括洪涝、干旱、低温冻害、大风、冰雹、沙尘暴等。在诸多自然灾害中，气象灾害对人民生命财产造成的损失最大。气象灾害的分布与气候及地形条件密切相关。如旱涝灾害集中分布于东北平原、黄淮海平原及长江中下游平原，但目前也有向山区、高原延伸的趋势。与温度有关的高温热害、低温冻害、冰雪灾害等主要发生在气候炎热的南方各省、气候寒冷的东北地区及地势高峻的青藏高原地区，但目前高温热害也有北袭的趋势，而雨雪冰冻灾害也会出现在中国南方地区。暴风（包括台风）灾害则以冬季风强盛的西北、北部地区及夏季风强盛的东南、东部沿海地区最为严重。20 世纪末至今，我国就发生了十几次重大突发性自然灾害。1998 年的大水、2008 年的冰冻雪灾仍记忆犹新，越来越频繁的沙尘暴更是让我们体会到了大自然的威力。

（二）生态灾害

生态灾害常见于北方干旱、半干旱地区及南方丘陵山地，这些地区生态条件比较恶劣，易受自然变化及人类活动的影响。其中，荒漠化集中于西北及长城沿线以北地区。水土流失灾害以黄土高原、太行山区及江南丘陵地区最为严重。石漠化则以我国的云南、贵州、广西最为严重，其中以贵州省的面积最大。此外，海洋带发生的赤潮、海岸侵蚀也是我国不可忽视的几大生态问题。在我国，造成生态灾害有自然原因，如气象、地质和地貌等因素，但更主要的是不合理的人为活动，包括过量放牧、滥砍、滥挖、滥采、滥垦、滥用水资源等。因此，合理的开发资源、提高环保意识才能更好地避免自然灾害对农业造成的损失。

（三）生物灾害

我国是世界上农作物病、虫、草、鼠等生物灾害发生最严重的国家之一，农业生物灾害频繁暴发，已成为事关我国粮食安全、生态安全、经济安全、公共安全和社会稳定的重大问题。以恶性杂草为例，主要分布在西南地区，已在云贵高原、江浙一带形成生态灾害。其中，对人、动物、植物危害很大的紫茎泽兰，适应能力又极强，在我国云南省几乎占领了一半以上的土地，并大量向四川、广东、广西等地蔓延。我国每年仅因烟粉虱和紫茎泽兰等11种病、虫、草害就造成逾几百亿元人民币的直接经济损失。另外，入侵我国的外来生物近年来呈现出种类增多、频率加快、蔓延加速、危害加剧的趋势。在一些地区发生的马陆危害、核桃害虫、稻飞虱以及当前各种知名不知名的农作物病、虫害，五号病、蓝耳病、禽流感、非典型肺炎等动物传染病害，其危害程度已不亚于气象灾害。在世界自然保护联盟公布的全球100种最具威胁的外来物种中，我国已发现50余种。

（四）地质灾害

地质灾害是指由于自然地质作用或人为地质作用，使生态环境遭到破坏，从而导致人类生命、物质财富造成损失的事件。如崩塌、滑坡、岩爆、泥石流、地裂缝、地面沉降和塌陷、坑道突水突泥、突瓦斯、煤层自燃、黄土湿陷、岩土膨胀、沙土液化、土地冻融、水土流失、土地沙漠化及沼泽化、土壤盐碱化，以及地震、火山等。我国地质环境复杂，自然变异强烈，灾害种类齐全，主要有地震、滑坡、泥石流、活火山、崩塌和地面裂缝等。而地震因发生隐藏性强，爆发突然，毁坏程度巨大，被称为"群害之首"。四川地震、青海玉树地震，在我们的心底留下了一道深深的烙印。在一些山区，泥石流、滑坡时有发生。由于中国地质灾害分布广泛，危害严重，因此地质灾害不仅成为制约中国地质灾害多发区社会经济发展的因素之一，而且也成为制约中国全国社会经济发展的因素之一。地质灾害对农田的危害是十分突出的，造成的损失是极为严重的。地质灾害对农田的危害，包括冲毁或淤埋农田的危害和次生山洪对农田的危害。

三、中国农业风险特征有哪些

（一）自然灾害发生频率高，受灾损失大

中国地域辽阔，地形复杂，加之季风气候显著，灾害种类多，发生频率高，受灾影响地域广，是受自然灾害影响最为严重的国家之一。伴随着全球气候变化以及中国经济的快速发展和快速城市化，自然灾害形成更加复杂，灾害应对以及防范形势更显严峻。为抗御自然灾害，长期以来我国投入大量资金和人力、物力，建设了一批防御自然灾害的工程，为粮食等农作物生产能力的持续提高，起到了重要的基础性作用。但从总体上看，我国农业目前还属于"靠天吃饭"的产业。每年都有大量的农田受到旱灾、涝灾、洪灾、风灾、雹灾、火灾、病虫害、鼠害等自然灾害的影响。据应急管理部、国家减灾委办公室等相关部门对全国自然灾害情况进行核定的数据来看，2018 年我国自然灾害以洪涝、台风灾害为主，干旱、风雹、地震、地质、低温冷冻、雪灾、森林火灾等灾害也有不同程度发生。各种自然灾害共造成全国 1.3 亿人次受灾，589 人死亡，46 人失踪，524.5 万人次紧急转移安置；9.7 万

间房屋倒塌, 23.1 万间严重损坏, 120.8 万间一般损坏; 农作物受灾面积 20814.3 千公顷, 其中绝收 2585 千公顷, 直接经济损失 2644.6 亿元。[①]

一直以来, 我国农业自然灾害的成灾率、受灾率和大灾发生频率均很高。图 1 是 1978~2018 年我国农业受灾面积和成灾面积的统计数据。1978~2018 年, 我国农业受灾面积共 1706632 千公顷、成灾面积 874743 千公顷, 可以说, 农业自然灾害对农业生产的危害程度非常大。

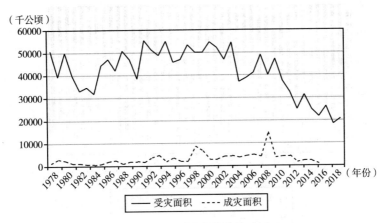

图 1 1978~2018 年我国农作物受灾面积与成灾面积

资料来源: 中国国家统计局网站, data. stats. gov. cn/easyquery. htm? cn = C01.

自然灾害中, 干旱、洪涝和冷冻灾害是主要的农业气象灾害, 其中, 水灾和旱灾对我国农作物生产危害的影响最大。干旱按季节可分为春旱、夏旱和秋旱。中国不同地区有不同的干旱类型: 黄淮流域以春旱为主; 长江流域以夏旱为主, 有时伴有秋旱。低

---

① 应急管理部、国家减灾委办公室发布 2018 年全国自然灾害基本情况 [EB/OL]. 国家减灾网, www. ndrcc. org. cn/zqtj/8782. jhtml.

温冷害主要出现在东北、华北地区,危害水稻、高粱、玉米、大豆等作物。寒潮发生时会造成大风、剧烈的降温、雨雪、霜冻等恶劣的寒潮天气,这在秋季和春季对农作物的危害最大,例如,20 世纪 50 年代,中国北方冬小麦区发生了最严重的冻害,仅小麦作物就减产约 30 亿千克。近 40 年来,每年因水灾、旱灾而影响的受灾面积和成灾面积占受灾、成灾总面积比例 70% 以上(见图 2 和图 3)。

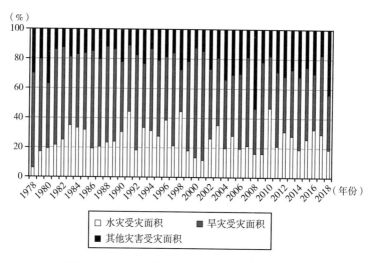

图 2 1978 ~ 2018 年我国农作物受灾面积分类统计

资料来源:中国国家统计局网站,data. stats. gov. cn/easyquery. htm? cn = C01.

另外,由于受季风不稳定影响,中国台风、低温雨雪冰冻等气象灾害频发,年均大约 7 个台风登陆东南广大沿海地区。受板块运动影响,中国大部分地区位于亚欧、印度及太平洋板块交汇地带,活跃的新构造运动造成频繁的地震活动,因而中国是世界上大陆地震最多的国家。中国多山,崩塌滑坡泥石流在山地、丘陵区年均发生数千处。森林和草原火灾也时有发生。

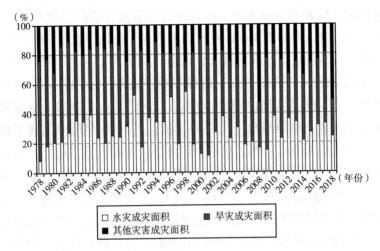

图3 1978～2018年我国农作物成灾面积分类统计

资料来源：中国国家统计局网站，data. stats. gov. cn/easyquery. htm？cn = C01.

（二）市场风险频现，农产品价格波动大

我国是一个农产品的生产、贸易、消费大国，农户每年要生产将近20亿吨的农产品，在市场经济条件下，农产品价格是经常变动的，这种变动给农业带来了巨大的市场风险，农户的利益难以保障。近年来，农产品领域有个有趣的现象，一边是"蒜你狠""豆你玩""姜你军"的局面不断出现，一边是上千吨牛奶倒水沟、大葱免费送、优质包菜来喂猪的现象屡见不鲜。似乎成了农产品市场的一个魔咒：每过几年都要来一个轮回，暴涨之后就是暴跌。而这背后，对"农"与"民"来说，都会造成一定的伤害，而且也不利于行业的健康运行。

这其中的原因有很多，种植结构不合理、盲目跟风、流通不畅、保存周期短都可能造成农产品的滞销，背后的深层次原因是农户决策的不理性和信息的不对称而造成农产品出现周期性的大

幅波动。以蛋鸡养殖为例，在我国蛋鸡养殖主要以小散户为主，由于他们缺乏专业的知识，养殖决策都属于跟风、非理性的操作，一旦出现盈利或者亏损的情况，就会"一哄而上""一哄而散"，这样就会陷入"追涨杀跌"的怪现象。又如，中国是大豆的原产国，在1995年以前是大豆的净出口国，但由于进口大豆的冲击，中国农户纷纷退出了大豆的种植，到2000年时中国成了世界上最大的大豆进口国。根据中国海关公布统计数据显示，2018年我国累计进口大豆8803万吨，平均每年的进口量都在8000吨以上，大豆的进口依存度达80%以上。[①] 中国大豆的遭遇是一个例子，如果农业不能对农户产生足够的吸引力，而农户又完全听从市场的短期信号，那么中国的其他农产品也极有可能步大豆的后尘。

【百姓茶话】

"菜贱伤农"又频现　蔬菜产量盲目增加亟待引起重视

2017年5月，在地处中原的河南省，一则则"菜贱伤农"的消息频频刷爆朋友圈。

在大蒜生产基地河南的中牟、杞县等地，虽然蒜薹大获丰收，但菜农却心酸不已。原因是价格接连下跌，往年两三元一斤的蒜薹，从4月底到5月2日的四五天时间，价格暴跌到三毛钱一斤。而人工费用却出现暴涨，去年雇人抽一天蒜薹120元钱，今年涨到了190元。

如果不及时抽取蒜薹，就会影响大蒜产量。许多蒜农出不起高昂的人工费用，只好全家总动员，半夜抽蒜薹。还有不少地方

---

① 中国海关总署网，www.customs.gov.cn/customs/302249/302274/jcyjfxwz/jcyjfxwz39/7532074b‑3.html.

甚至紧急呼吁市民到地里抽蒜薹，还打出"抽一斤送一斤"的招牌。

由于价格太低且严重滞销，一些农户干脆把蒜薹扔弃到路边。蒜农们损失惨重，纷纷反映"连本钱也收不过来"。

另一则"卫辉农户砍了4000斤洋白菜，卖120元"的消息更让人震惊。河南省卫辉市南社村是4000亩规模的蔬菜生产基地，今年洋白菜大丰收，亩产在8000斤到10000斤之间。但丰收的洋白菜价格只有3分钱一斤，即使经过精包装也不过6分钱一斤。

据笔者了解，尽管这些地方的政府部门紧急介入，使"卖菜难"得到了缓解。但超低的菜价，仍让不少菜农欲哭无泪。此次造成蔬菜滞销、价格直线下跌的原因，主要是近期气温突然升高，加上雨水充沛，造成蔬菜的快速生长，集中进入了采摘期，但蔬菜大量上市的同时，市场消费并没有同步大幅增长。另外就是贮藏、物流成本偏高，像包菜之类的蔬菜，本可以长期储存，但因为价格低廉，存到冷库还不够付电费。如果长途贩运，又挣不够油钱。

资料来源：刘长利. "菜贱伤农"又频现，蔬菜产量盲目增加亟待引起重视 [N]. 人民政协报，2017 - 06 - 05（006）.

以上所述，是我们看到一些生活中的景象，如果通过统计数据加以说明更能反映问题。图4是1978～2018年我国农产品价格指数的波动情况，可以看出，农产品生产价格的波动幅度较大，其中指数最高的年份是1994年（139.9），最低年份是1999年（87.8），两个年份之间相隔并不遥远，近十年农产品价格指数有下降的趋势。如果将农产品价格指数与CPI相比较的话，前者的波动性会更大一些。

从市场规律来说，农产品价格有涨有跌是正常现象，影响农产品价格的因素无非是供求关系。供不应求时，农产品价格上涨；

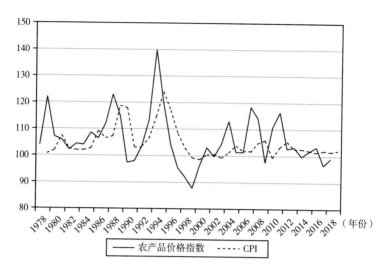

图4　1978～2018年我国农作物价格指数统计

资料来源：中国国家统计局网站，data. stats. gov. cn/easyquery. htm？cn＝C01.

供过于求时，价格下跌。综观世界各国农产品市场以及我国不同时期和不同农产品市场，农产品价格无不存在着程度不同的波动。农产品市场价格运行既具有必然的波动特征，又具有自行调节实现稳定的力量。但是，在市场经济条件下，人们对农产品价格上涨或者下跌一旦形成明显预期的时候，农产品价格不但很难稳定，而且还会加剧波动。农产品如果出现"过山车"式的价格波动，会严重影响产业的正常秩序。农产品的生产与销售，一头连着农业生产者，一头连着消费者，农产品价格波动大，既不利于"农"，也不利于"民"，同时对国民经济的稳定会造成不好的影响。

小　结

1. 农业风险是人们在从事农业生产和经营过程中所遭受的不

可抗力的不确定事件。农业生产和经营过程中各种风险因素复杂多样，导致农业风险也具有广泛性、复杂性和多样性。一般说来，根据风险的成因可以把农业风险划分为自然风险、市场风险和技术风险。

2. 我国的自然灾害不仅种类多、频率高、强度大，而且还具有时空分布广、地域组合明显、受损面广、损害严重等特征。

3. 农业风险带来的危害，不仅影响着农户的生产与经营、居民的生活水平，同时也与国民经济稳定息息相关，因此农业风险的分散与有效管理至关重要。

问题二　谁来补偿农业风险的损失
——农业保险的重要性

农业保险让贫困户吃上"定心丸"

2019 年 7 月 28 日早上，正当中华保险公司庄浪分公司的员工准备下班的时候，业务大厅里来了一位 70 多岁的老人。老人一进门就拉着大家的手不停地道谢，并送上了一面写着"造福广大农户，繁荣农村经济"的锦旗，让员工们心里暖暖的。

这位老人叫王明生，是庄浪县韩店镇刘咀村贫困户杜冠军的舅舅。今年 38 岁的杜冠军常年在外务工，家里只有年迈的老母亲、残疾的妻子和两个孩子。作为村里建档立卡贫困户，杜冠军家这几年没少享受党的惠民政策。从 2018 年开始，家里连续引进了三头扶贫牛。扶贫牛进门，杜冠军一家不知有多高兴，可是家里既没有牛棚，又没人饲养，只好把牛放在舅舅王明生家里代养。牛一牵进门，村干部和驻村帮扶队立即动员杜冠军，给牛买了保险。

王明生以前非常爱养牛，把外甥家的几头牛当成宝，恨不得吃饭都守在牛棚里。不久王明生发现最后面的牛不吃草，有些不对劲，就立即联系帮扶干部。扶贫牛生病，驻村帮扶干部也很着急，第一时间与韩店镇畜牧兽医所联系。一周时间的治疗也没有让牛好起来，最后还是死了。

死一头牛对一个贫困户来说是个大损失。可是让他没有想到的是以前交的牛保险起了大作用。在驻村干部的帮助下他立即拨打了报案电话，中华保险庄浪分公司接到电话后迅速组织人员亲自上门进行查勘定损服务。让王明生没有想到的是，仅仅交了 28 元的牛保险，却得到了 7000 元的补偿金。"我活了快 70 岁，还不知道牲口死了，国家还能补这么多钱。"王明生对记者说。

近几年，庄浪县紧盯 2019 年整县脱贫目标，按照坚持产业发展到哪里，农业保险就跟进到哪里的思路，克服财力有限、资金紧缺的困难，坚持把政策性农业保险作为一个大项目来谋划、一项民心工程去措办，多方筹措资金，把全县贫困户所从事的玉米、马铃薯、冬小麦、肉牛等 14 个种养产业全部纳入农业保险，肉牛、苹果承保分别由 2018 年的 9333 头、2.1 万亩增加到 2019 年的 1.6 万头、6.5 万亩，有效降低了农业生产发展风险，确保了农业保险对全县"所有贫困户、贫困户所有种养产业、自然灾害和市场波动风险"三个基本全覆盖，为贫困户增产增收、稳定脱贫提供了有力的保险保障，政策性农业保险支农强农的"安全网"作用日益显现。

资料来源：甘肃经济网，www.gsjb.com/system/2019/08/01/017236537.shtml.

【导读】 农业风险对农业生产影响大，尤其是对贫困农业生产者来说，而农业保险不仅能有效弥补农业风险带来的损失，更是在脱贫攻坚和乡村振兴过程中，成为农户稳定脱贫致富的有力工具。通过本章的学习，尝试寻求以下问题的答案：在传统农业生产中管理农业风险的方法有哪些？农业保险管理农业风险的优势是什么？国家大力发展农业保险的意义是什么？通过这些问题，来体会农业保险的重要性。

一、农业风险可以管理吗

（一）农业风险管理的必要性

农业对于所有人来说，都是一个高风险的行业，靠天吃饭、靠人吃饭，能影响农业的因素很多，天气太热了不行、太冷了也不行，干了不行，涝了也不行；没管理好不行，品种有问题也不行……总之，风险来自各个方面，有时候这些风险还不是人能完全掌控的。所以很多时候在面对这些问题的时候，农户总显得无能为力。也许有人就会有这样的疑问：农业风险是客观存在的，有必要管理吗？

答案是肯定的。运用适当的手段，对各种农业风险来源进行有效的控制，就可以减少农业生产的不确定性，这就是农业风险管理。农业风险管理是现代农业经济活动中一项不可缺失的组成部分，对于经营者来说，其最大作用是能够减少风险发生的可能性，并降低或分散农业风险给农业经营者造成的意外损失。同时，从宏观角度来看，管理农业风险也十分必要。

第一，实行农业风险管理可为农业提供一个相对安全的发展空间。从社会意义来看，农业实行风险管理有助于农业加强风险防范，为国家降低因风险造成的农业损失和带给整个社会的连锁反应，对维护我国社会稳定、经济繁荣起到积极作用。从农业经济发展本身来看，实行风险管理不仅可以将农业风险通过系统风险管理与控制手段加以防范，保障农业经营计划按期执行，最大限度减少损失，为农业发展营造一个较为有保障和相对稳定的发展环境。同时也有助于在农业经营中改变粗放式经营方式，在科学预测的基础上，实行科学决策与经营，使农业发展以最小风险控制成本换取最大的经济效益。

第二，农业实行风险管理可对农业经济进行宏观调控，科学合理指导农业经营者在经营中积极规避风险。农业风险有利于加强风险信息的交换，使经营者重视掌握农业经营中出现的各种信息，及时躲避风险，做到防患于未然。同时，农业风险管理也加强了经济杠杆的运用。实行农业风险管理后，经营者就必须学会在市场经济中，运用合理合法的经济手段来维护自身权益。

（二）传统农业风险管理的途径

1. 多样化的农业生产经营。农户在自有资源和经济条件约束下，会理性地选择农业风险的管理方式。农户对生产资源通过纵向的、横向的和时间上的综合开发利用以减少生产风险。"事前"采取多样化的组合策略，多样化经营是农户应对风险常用的传统策略之一，来降低收入波动，保证维持生产资金投入和家庭日常开销的现金需要。多样化经营包括两个方面：一是农业生产的多元化，如种植作物种类的多样化和种植模式的多样化，种植业与养殖业结合，例如有的地方易旱，农户通过间作套种的方式种几种作物，有的作物抗旱，比如高粱，有的作物不抗旱，比如玉米。若遇到旱灾，玉米收获不了，还能收获高粱。还有的地方土地面积广阔，为避免第二季作物遭遇干旱或者低温冻害而白忙活，秋季干脆就撂荒不种等。二是将非农经营引入家庭，从事与农业相关性弱的多种收入创造活动。例如投资于农业以外的项目，或者从事非农就业赚取非农经营收入来实现收入来源的多元化等等。对于某些农户而言，这些非农收入比从农业中获取的收入还高，对于防范化解农业风险具有重要的意义。

农户采取的上述风险管理策略是理性的，也是有效的。但这种有效性主要是相对农户所拥有的资源而言；从社会或宏观的资源利用角度而言，可能会得出不同的结论。如多元化生产虽然是有效的风险管理策略，但一般要以牺牲专业化、规模化生产所带来的潜在经济利益为代价；农户为了减少当期货币支出，选择低投入、低收益、低风险的经营活动，这将导致"风险性"农产品供给不足。

2. 农业灾害救助。曾经，农户因灾受损造成生产生活困难时，只能依靠亲戚之间的借贷和周济来渡过难关。当然也可以申请政府的困难救济，不过这种救济一般都是临时性的、救急性的，难以及时和充分解决农户生产生活的基本困难。在农业灾害发生时，中央、地方政府及相关部门采取援助和救济是目前我国应对农业风险最普遍的形式。近年来，国家对"三农"的支持力度空前，除了免除各种税费以外，还加大了各种补贴、补助措施，例如农机购置补贴、玉米生产者补贴、农业保险保费补贴、退耕还林补助、粮食直补、农资综合直补等等，很多项目都可以获得先建后补、以奖代补等方式的补助，这就大大减轻了来自于市场、自然方面的风险，为在农业创业中的经营者保驾护航。2017 年 7 月，财政部、农业部、水利部和国土资源部联合印发《中央财政农业生产救灾及特大防汛抗旱补助资金管理办法》，明确指出农业生产灾害救灾支出方向的使用范围，包括自然灾害预防、生物灾害防控、恢复农业生产等措施所需的物资材料补助。总体而言，农业灾害援助和救济的风险管理方式是事后发挥作用，存在一定局限性，尤其是在受灾面积大、发生频率高的农业风险面前，难以完全弥补损失。

3. 农产品价格保护。农产品价格保护是政府在充分发挥市场机制作用的基础上，为稳定农业生产和农产品市场、增加农户收入等目标所采取的一系列农产品市场干预措施，主要手段通常包括保护价收购、差价补贴或差额补贴、生产资料补贴和缓存储备四种类型。目前，农产品价格保护可谓是当今各国运用最多的市场风险管理工具。我国粮食最低收购价政策始于 2004 年，由于当时粮食总量不足，供求偏紧，为了保障国家粮食安全，调动农户种粮积极性，政府出台了最低收购价政策，为农户收益托底。之后，连续多年提高最低收购价水平，有效促进了粮食总量增加，但是也使粮食价格高于市场正常水平。出于保护农户生产积极性、保障国家粮食安全等考虑，中国粮食最低收购价一度出现连续 7 年上调。不过从 2015 年开始，针对国内粮食价格大幅高于国际市场，收储压力增大，以及农户种植优质粮食的动力不足、用粮企业经营困难等问题，粮食最低收购价在保持稳定的基础上有逐步下调的趋势。

（三）现代农业风险管理的趋势

加强农业风险的有效管理成为我国发展现代农业非常重要的课题。经过多年发展，我国农业风险管理在原有的传统管理方式基础上，积极探索实践，现代农业风险管理体系已经初具规模，新型农业产业化经营模式、农业保险、农产品期货及综合类农业金融衍生品工具的不断创新发展，使我国农业风险管理水平不断提高。另外，云计算、物联网、大数据等新技术的应用，实现从田间到餐桌的农产品全程监控成为现实，为现代农业风险管理体系的建立增添了新的活力。

【百姓茶话】

智慧农业大数据：从"看天吃饭"到"知天而作"

中国"三农"问题的核心之一，在于原有的农业生产方式落后，小生产比重居高不下。在中国农业由小农经济逐步走向商品化、规模化经营的过程中，借助气象遥感分析体系，结合涉农相关数据，让农业生产由"看天吃饭"转变到"知天而作"，北京佳格天地科技有限公司这家大数据应用公司通过卫星和气象大数据收集、处理、分析和可视化系统而自主研发的数字农业系统——耘镜平台已经成为国内首创、国际领先的农业大数据平台，为农业、环境等行业的企业提供服务。

该平台以卫星影像和气象数据为核心，利用深度学习技术，通过建立算法模型，来提供高效精准的农业大数据服务。用户通过个人电脑、智能平板或手机登录耘镜系统，就能实时了解或预测天气变化及农作物的生长情况，及时进行或者调整农事安排、农机调配、农药喷洒等活动。如灌溉，很多农业生产是采用粗放的大水漫灌模式，造成水资源的极大浪费。耘镜平台可以通过卫星来观测每个地块上植物的生长状态，以此计算作物实际的需水量，再结合精细气象模型给出的未来降水预测，最终给出一套针对每个地块的最经济灌溉方案。该平台能够提供未来两周内的降水预报，精确度达到85%；未来两天的天气预报精准度达到95%。同时，耘镜平台包含东亚范围内50年的农业气象数据，可以预报两三周的天气状况。通过天气的预测与历史数据的分析，能够帮助客户找到农业生产安全期。

资料来源：牛荷. 佳格天地：知天而作 [J]. 农经，2018（8）：54 - 58.

二、农业保险管理农业风险的优势是什么

（一）农业保险的内涵

《中华人民共和国保险法》（以下简称《保险法》）中，对保险的定义如下："保险是指投保人根据合同约定，向保险人支付保险费，保险人对于合同约定的可能发生的事故因其发生所造成的财产损失承担赔偿保险金责任，或者当被保险人死亡、伤残、疾

病或者达到合同约定的年龄、期限等条件时承担给付保险金责任的商业保险行为。"

要弄明白什么是保险，需要先理解以下四个概念：风险、保险人、投保人和保险合同。其中风险强调"未来结果的不确定性"，即风险是我们在未来遇到伤害的可能性以及对这种可能性的判断与认知。比如，我们都说农业是靠天吃饭的，今年年景好不好我们在年初时是很难未卜先知的，如果年景不好，遇到风灾、雹灾、旱灾，疫病，那么农业生产就有可能受到损失，这就是农业生产中的风险。它表现为一种不确定性，可能发生也可能不发生。保险人一般是指保险公司，即从事保险经营业务的机构，负责对保险基金进行组织、管理和使用。保险人必须经过政府有关部门审批，才可以经营保险业务。保险人的主要权利是在经营保险业务中收取保险费；保险人的义务是在保险事故发生时赔偿损失或在约定的事件发生时、约定的期限到达时给付保险金。投保人是指与保险人订立保险合同，并按照保险合同支付保险费的人。投保人的主要权利有请求保险人承担或降低必要费用、指定和变更收益人等；投保人的义务主要是缴纳保险费、如实告知、及时通知、提供证明材料等。投保人和被保险人可以是同一个人也可以不是同一个人。保险合同是指投保人与保险人签订的约定双方权利、义务的书面契约，一般具有较强的法律效力。在保险合同中，会约定保险期限、保险标的，以及在保险期限内风险确实发生时造成损失的赔付额度、赔付方式等，也会约定投保人需要交纳的保险费等。

在理解这四个概念的基础上，就很容易理解保险了。简单地说，保险就是投保人针对可能发生的灾害损失，与保险人签订保险合同，并按照合同约定，向保险人支付一定的保险费用，在合同规定的期限内，如果被保险人遭受了保险合同约定的灾害损失，被保险人就可以得到保险人一定额度的经济补偿。但保险提供的补偿是以损失发生为前提，补偿金额以损失价值为上限，所以不存在通过保险获利的可能。如果被保险人发生损失，则可以从保险基金中获得补偿。所谓一人损失，大家分摊。因此，究其本质保险是一种互助行为，用多数人的钱来帮助少数受灾的人。

农业保险是专为农业生产者在从事种植业、林业、畜牧业和渔业生产过程中，对遭受自然灾害、意外事故疫病、疾病等保险事故所造成的经济损失提供保障的一种保险。我国的《农业保险条例（2016年修订）》中规定："本条例所称农业保险，是指保险机构根据农业保险合同，对被保险人在种植业、林业、畜牧业和渔业生产中因保险标的遭受约定的自然灾害、意外事故、疫病、疾病等保险事故所造成的财产损失，承担赔偿保险金责任的保险活动。本条例所称保险机构，是指保险公司以及依法设立的农业互助保险等保险组织。"农业保险具有其存在的必要性，它是补偿农业灾害损失的有效手段，是为国家的农业政策服务、为农业生产提供风险保障的根本保险。

（二）农业保险规避农业风险的优势

随着时代的进步与发展，管理农业风险的手段在不断提升，但在现代农业迅速发展的今天，农业保险是一种必不可少的手段和方式。农业保险是管理农业风险的一种有效手段，能够在农业灾害损失造成后，及时带给受损农户经济补偿，以保证农户基本的农业收入和家庭生活稳定，以免使后续的农业再生产受到影响。这是一种生产和生活的保障制度，也是其他国家特别是社会保障制度比较完善的国家的成功经验。

农业保险是商品发展到一定阶段的产物。农业生产承受着农业风险的威胁，严重影响农业经济的可持续发展。这种状况客观需要创建一种转移分散风险、分摊经济损失的风险管理机制，现代农业保险由此应运而生。农业保险的发展，对保障农业再生产的顺利进行，推动农业的可持续发展无疑具有重要的理论意义和深远的现实意义。相比之下，农业保险应对农业风险的优势明显。

第一，农业保险可以将农业风险转移。加强农业基础设施建设可以优化农业生产的环境，增加农业生产技术培训与信息服务可以提升农业生产者应对农业风险的能力，这些防范农业风险的途径，都具有减弱甚至消除农业风险因素的可能，但同时也对农业生产的客观环境或者生产者的能力提出较高要求。而农业保险自身不具有减弱或消除农业风险因素的直接功能，而是通过某种机制分散和转移风险及其损失，它可以使农业风险主体通过支付固定的保险费方式将农业生产经营中不确定风险及其损失转移出去，为农业的持续稳定经营提供保障。在农业风险管理中，农业保险不仅可以为现代农业提供更高的风险保障，属于更高层次的农业风险管理工具，而且也更符合现代农业发展与风险管理的需要。

第二，农业保险比农产品价格保护更具有市场性。农产品价格保护是政府在充分发挥市场机制作用的基础上，为稳定农业生产和农产品市场，增加农户收入等目标所采取的一系列农产品市场干预措施。实践证明，农产品价格保护虽然能对稳定农产品价格、调动农户生产积极性、扩大农业生产和保障农业安全起到积极的作用，但从风险管理视角分析，农产品价格保护的基本出发点不是应对农业风险，而是将农业市场风险转嫁于政府承担的一种风险管理措施，在长期实施中会给政府造成很大的财政负担。同时，由于农产品价格保护属于 WTO 规则控制与约束的范围，且在实际执行中还存在着补贴资金漏损严重、补贴效率偏低等缺陷而广遭质疑。目前，各国均已逐步推进农产品价格保护与支持政策的市场导向改革，农产品价格保护的适用范围也在逐渐缩减。而农业保险则是"绿箱政策"允许的农业支持政策，具有广阔的发展空间。

第三，农业保险比农业灾害救济的补偿性更好。农业保险和农业灾害救济均具有灾害损失补偿性，也都是世界各国进行自然类风险管理最常用的工具。但两者却有着本质的区别：一方面农业保险是一种事前、有偿的风险管理，而农业灾害救济则是一种事后、免费的无偿道义救助；另一方面农业保险赔偿是按照保险合同约定的责任义务给予既定的赔偿，而农业灾害救济则是依赖于政府、社会团体或公民个人自发的不定的外援。因此，与农业保险相比，农业灾害救济无论是在保障范围还是保障水平上均具有明显的不确定性，其免费补偿性不仅会削弱农业生产经营者主动管理风险的意识，而且还会使其与其他农业风险管理工具难以协调并用。当发生灾害时，农业保险赔偿的金额比较大，而且固定，以帮助农户恢复再生产为目的。而政府救济的不确定性大，救济金额要看财政资金是不是充裕，一般这种救济用于救急，数额较小，以保证救济对象最基本的生活为目的，作用比较有限。农业灾害救济通常只有在出现较大范围的系统性损失时才会启动，因此对个别性农业生产经营者的损失很难享受到农业灾害救济，而农业保险则能很好地应对个别性的农业风险损失补偿。

三、国家支持农业保险发展的意义与举措

（一）发展农业保险的意义

农业保险作为一种风险补偿，在支持农村经济发展中发挥着十分重要的作用。通过农业保险抵抗农业风险，让农户实现"旱

涝保收",获得一份保障性、兜底性的收入,从而进一步坚定发展农业产业的信心。

第一,农业保险有助于稳定农业再生产。对农业生产过程来说,农业风险可能中断农业生产过程,缩小农业生产规模,破坏农业生产活动的连续性。参加农业保险后,农业风险造成的资金运用的中断或停滞,就可以通过保险公司的经济补偿得以恢复。可见,农业保险有助于保障农业生产过程的持续稳定,保护农业资源;对农业消费环节来说,通过农业保险分散农业风险,可以保障农业生产规模的扩大,利用规模经营,降低农产品的成本和价格。农业保险对农业风险损失的保险补偿,则可以使农户及时恢复因风险损失中断的农业生产,保证农产品的供应,保持农产品供求的平衡,保障社会对农产品的正常消费。

第二,农业保险有助于乡村振兴。"中央一号"文件对实施乡村振兴战略进行了全面部署,其中多次提及"保险",这说明作为现代服务业重要组成部分的保险行业,特别是农业保险对于乡村振兴不可或缺,而且作用凸显。保险作为"三农"发展"压舱石""助推器"作用得到极大彰显。随着农业现代化进程的加速推进,新型农业经营主体对保障有了更高的诉求,农业保险将发挥更多优势助力乡村振兴。

第三,农业保险有助于精准扶贫。农业保险是国家对农业投入的一个重要渠道,是国家扶持农业发展的一种重要方式。由于农业生产面临的灾害风险系数高,导致农业生产经营风险大,对于贫困地区的农户来说,一场突如其来的自然灾害会将其再次推向贫困的边缘。在扶贫工作中,利用和发挥好农业保险的作用,可以为贫困户生产经营兜底。通过保险的介入,为农业产业发展提供保障,降低种植风险,解决贫困农户发展特色产业项目的后顾之忧,提高贫困农户发展产业的积极性,加快脱贫致富步伐。

（二）我国农业保险的发展现状

我国农业保险的发展离不开政策推动。1950 年，刚刚成立不久的中国人民保险公司将农业保险发展提上了日程。人民公社曾一度承担起防范风险、分担损失、保障农业生产的职能。1958 年12 月，政府决定停办国内保险业务，农村保险业务也随之停办。

党的十一届三中全会后，我国开始建立和普遍实行家庭联产承包责任制，最终废除了人民公社制度，同时，农业农村经济制度逐步完善。在经历了 24 年的空白后，1982 年，我国农业保险伴随改革开放揭开了新的篇章，农村保障体系逐渐由国家救济转向农业保险。这一年，中国人民保险公司全面恢复试办农业保险，在全国范围内进行了大规模的农业保险试验。2004 年，新一轮农业保险试点的全方位推进，为我国农业保险进一步发展提供了契机。在政策的推动下，我国农业保险发展初具规模。

2007 年，财政部将农业保险保费补贴列为中央财政预算科目，首次在全国 6 个省份开展政策性农业保险保费补贴试点工作。此后，在政策鼓励下，我国农业保险发展速度迅猛，农业保费收入迅速增长。2007～2018 年的 12 年间，银保监会公开数据显示，全国农业保险保费收入由 51.8 亿元增加到 572.65 亿元，增长了 11倍，尤其是 2015～2018 年，每年的年增长率都在 10% 以上；为农户提供风险保障由 1126 亿元增加到 3.46 万亿元，参保农户增长到1.95 亿户次；承保粮食作物面积由 2.3 亿亩增加到 11.12 亿亩。2018 年，涉农小额贷款保证保险实现保费收入 4.1 亿元，赔付支出 8.3 亿元，帮助 20 万农户撬动"三农"融资贷款 138 亿元。我国农业保险提供风险保障的覆盖面不断扩大。目前，农业保险承保的主要农作物已超过 220 种，覆盖大部分常见农产品。玉米、水稻、小麦三大口粮作物承保覆盖率已超过 70%。农业保险开办区域已覆盖全国所有省份，基本覆盖农、林、牧、渔各个领域。《中国农业保险保障水平研究报告》显示，目前，我国农业保险业务规模已仅次于美国，居全球第二亚洲第一，其中，养殖业保险和森林保险业务规模居世界第一。农业保险在防范化解农业风险，稳定农业生产尤其是粮食生产，促进农业转型升级，保障粮食安全和稳定农户收入等方面，发挥了积极作用，成为国家强农惠农安农政策的重要内容、农业支持保护的重要手段和农业现代化发展的重要支柱。

（三）我国农业保险法律法规与政策

1. 农业保险有专门法规的必要性。目前，我国已出台了《中华人民共和国保险法》《中华人民共和国农业法》（以下简称《农业法》），还有必要设立农业保险的专门法规吗？答案是农业保险应该有专门的法规。

农业保险是国家进入市场经济以后为市场竞争中处于相对弱势的产业群体，同时又是维护国计民生不可或缺的产业群体建立的一项专门的保险保障制度。通过保险的经济补偿职能，能保障广大农户的生产生活稳定，充分发挥了保险经济"助推器"和社会"稳定器"的作用。农业保险必须以国家法律的形式确定下来，才能在政府引导、市场运作、自主自愿和协同推进的原则下发挥应有的作用。

国际上，很多发达国家都有专门针对农业保险的法律法规，例如，法国100多年前的农业互助保险法，美国1937年的联邦农作物保险法案，日本1947年废除战时的农业保险法、畜牧保险法，同时颁布了国家农业灾害补偿法等。

从我国来看，《农业法》第四十六条规定"国家逐步建立和完善政策性农业保险制度。鼓励和扶持农户和农业生产经营组织建立为农业生产经营活动服务的互助合作保险组织，鼓励商业性保险公司开展农业保险业务。农业保险实行自愿原则。任何组织和个人不得强制农户和农业生产经营组织参加农业保险"。《保险法》是我国有关商业性保险的法律，不适用农业保险，第一百八十四条提到"国家支持发展为农业生产服务的保险事业。农业保险由法律、行政法规另行规定。强制保险，法律、行政法规另有规定的，适用其规定"。可以看出，无论是《农业法》还是《保险法》都没有对农业保险的相关具体内容予以明确，由此农业保险在发展过程中也暴露出了一些问题，比如国家每年都有中央财政补贴，而地方政府的财政补贴是根据各地财政实际情况下拨的，这样就比较随意，因此，以农业保险法律法规的形式，明确政府在开展农业保险中所应发挥的职能和作用，避免政府支持农业保险的随意性，或因财政困难而忽视对农业保险的支持，并以此提高农户的保险意识。通过法律规定国家支持农业保险发展的各种优惠政策和措施，为政策性农业保险的发展提供法律保障。同时，从立法层面建立统一的农业保险制度框架，明确中央财政、各级地方财政、监管部门、保险公司的职责，使财政补贴更加制度化和规范化，各方面的配合更加协调和顺畅。

为了规范农业保险活动，保护农业保险活动当事人的合法权益，促进农业保险事业健康发展，在认真总结农业保险发展实践经验的基础上，2012年11月国务院出台了《农业保险条例》（以下简称《条例》），2013年3月1日开始实施，并与2016年2月进行了修订。该《条例》以法律的形式确立了我国的农业保险制度，填补了《农业法》和《保险法》未涉及的农业保险领域的法律空白，标志着我国农业保险业务发展进入了有法可依的阶段，对我国农业的稳定和发展具有重要的意义。

2.《条例》的主要内容。从结构上看，《条例》包括总则、农业保险合同、经营规则、法律责任和附则五个部分。《条例》体现出以下三方面特征：

第一，明确现阶段我国农业保险的定位。《条例》中提到"国家支持发展多种形式的农业保险，健全政策性农业保险制度"，明确将农业保险定位为政策性保险。的确，农业保险需要政府的大力支持才可以持续经营，从很多发达国家的农业保险经营实践来看，政府在农业保险体系中的定位是制度供给者、财政支持者、协调推进者和经营主体培育者。具体来看，《条例》中提到"国家鼓励地方人民政府采取由地方财政给予保险费补贴等措施，支持发展农业保险"，同时"保险机构经营农业保险业务依法享受税收优惠，鼓励金融机构对投保农业保险的农户和农业生产经营组织加大信贷支持力度"，这也是对我国农业保险的政策支持提出了地方财政给予保险费补贴要求。

第二，规范农业保险的合同内容和业务经营，侧重保护投保农户利益。《条例》中指出，"在农业保险合同有效期内，合同当事人不得因保险标的的危险程度发生变化增加保险费或者解除农业保险合同"，为保障受灾农户及时足额得到保险赔偿，规定"保险机构接到发生保险事故的通知后，应当及时进行现场查勘，会同被保险人核定保险标的的受损情况"，"保险机构应当在与被保险人达成赔偿协议后10日内，将应赔偿的保险金支付给被保险人。农业保险合同对赔偿保险金的期限有约定的，保险机构应当按照约定履行赔偿保险金义务"，与此同时为保证定损和理赔结果的公开、公平、公正，规定"由农业生产经营组织、村民委员会等单位组织农户投保的，保险机构应当将查勘定损结果予以公示"。这些要求确保了农业保险业务的依法合规经营，从而真正发挥支农惠农作用。

第三，重视农业保险经营风险的防范。《条例》规定保险机构应当有"完善的农业保险内控制度""稳健的农业再保险和大灾风险安排以及风险应对预案",其"准备金评估和偿付能力报告的编制,应当符合国务院保险监督管理机构的规定"。同时,为切实保证财政给予的保险费补贴依法使用,规定禁止"虚构或者虚增保险标的或者以同一保险标的进行多次投保,以虚假理赔、虚列费用、虚假退保或者截留、挪用保险金、挪用经营费用等方式冲销投保人应缴的保险费或者财政给予的保险费补贴",并在《条例》中对违反条例规定行为的法律责任作了明确。

3. 农业保险的相关政策。除了《条例》的出台,我国农业保险快速发展,还与中央政策和财政补贴政策直接相关。从 2004 年"中央一号"文件首次提出"加快建立政策性农业保险制度,选择部分产品和部分地区率先试点,有条件的地方可对参加种养业保险的农户给予一定的保费补贴"开始,至 2019 年的 16 年里,"中央一号"文件无一遗漏地对发展我国政策性农业保险的问题提出了指导意见,可见国家对农业保险的重视程度(见表 1)。

表 1　2004~2019 年"中央一号"文件关于发展农业保险的要求

年份	名称	农业保险的相关内容
2004	《中共中央 国务院关于促进农民增加收入若干政策的意见》	首次提出我国应加快建立政策性农业保险制度,选择部分产品和部分地区率先试点,有条件的地方可对参加种养业保险的农户给予一定的保费补贴
2005	《中共中央 国务院关于进一步加强农村工作提高农业综合生产能力若干政策的意见》	扩大农业政策性保险的试点范围,鼓励商业性保险机构开展农业保险业务
2006	《中共中央 国务院关于推进社会主义新农村建设的若干意见》	稳步推进政策性农业保险试点工作,加快发展多种形式、多种渠道的农业保险

续表

年份	名称	农业保险的相关内容
2007	《中共中央 国务院关于积极发展现代农业扎实推进社会主义新农村建设的若干意见》	积极发展农业保险，按照政府引导、政策支持、市场运作、农户自愿的原则，建立完善农业保险体系。扩大农业政策性保险试点范围，各级财政对农户参加农业保险给予保费补贴，完善农业大灾风险转移分摊机制，探索建立中央、地方财政支持的农业再保险体系。鼓励龙头企业、中介组织帮助农户参加农业保险
2008	《中共中央 国务院关于切实加强农业基础建设进一步促进农业发展农民增收的若干意见》	认真总结各地开展政策性农业保险试点的经验和做法，稳步扩大试点范围，科学确定补贴品种；高度重视发展粮食生产，支持发展主要粮食作物的政策性保险；建立健全生猪、奶牛等政策性保险制度；支持发展农产品出口信贷和信用保险；完善政策性农业保险经营机制和发展模式，建立健全农业再保险体系，逐步形成农业大灾风险转移分担机制
2009	《中共中央 国务院关于2009年促进农业稳定发展农民持续增收的若干意见》	加快发展政策性农业保险，扩大试点范围、增加险种，加快建立农业再保险体系和财政支持的大灾风险分散机制，鼓励在农村发展互助合作保险和商业保险业务，探索建立农村信贷与农业保险相结合的银保互动机制；扩大农产品出口信用保险承保范围，探索出口信用保险与农业保险、出口信贷相结合的风险防范机制；加大财政对集体林权制度改革的支持力度，开展政策性森林保险试点
2010	《中共中央 国务院关于加大统筹城乡发展力度进一步夯实农业农村发展基础的若干意见》	积极扩大农业保险保费补贴的品种和区域覆盖范围；鼓励各地对特色农业、农房等保险进行保费补贴；发展农村小额保险；健全农业再保险体系；逐步扩大政策性森林保险试点范围；推动农产品出口信贷创新，探索建立出口信用保险与农业保险相结合的风险防范机制

年份	名称	农业保险的相关内容
2011	《中共中央 国务院关于加快水利改革发展的决定》	加强对水利建设的金融支持；鼓励和支持发展洪水保险
2012	《中共中央 国务院关于加快推进农业科技创新持续增强农产品供给保障能力的若干意见》	提升农村金融服务水平。扩大农业保险险种和覆盖面，扶持发展渔业互助保险，鼓励地方开展优势农产品生产保险；对符合条件的种子生产开展保险试点，加大种子储备财政补助力度
2013	《中共中央 国务院关于加快发展现代农业进一步增强农村发展活力的若干意见》	加强涉农信贷与保险协作配合；健全政策性农业保险制度，开展农作物制种、渔业、农机、农房保险和重点国有林区森林保险保费补贴试点；创新适合合作社生产经营特点的保险产品和服务；健全新型农村社会养老保险政策体系
2014	《中共中央 国务院关于全面深化农村改革加快推进农业现代化的若干意见》	提高中央、省级财政对主要粮食作物保险的保费补贴比例；启动东北和内蒙古大豆、新疆棉花目标价格补贴试点，探索粮食、生猪等农产品目标价格保险试点；鼓励开展多种形式的互助合作保险；探索开办涉农金融领域的贷款保证保险和信用保险等业务
2015	《中共中央 国务院关于加大改革创新力度加快农业现代化建设的若干意见》	加大中央财政保费补贴力度、提升农业保险保障水平、扶持地方特色优势农产品保险发展、扩大森林保险范围、开展目标价格保险试点、将制种保险纳入中央财政保费补贴目录，以及推动农村金融立法等
2016	《中共中央 国务院关于落实发展新理念加快农业现代化实现全面小康目标的若干意见》	在延续此前"扩大农业保险覆盖面、增加保险品种、提高风险保障水平"的基础上，增加了更多首次提及的内容，包括探索农业保险保单质押贷款、探索收入保险，天气指数保险试点、稳步扩大"保险+期货"试点，鼓励和支持保险资金开展支农融资业务创新试点、推进病死畜禽无害化处理与养殖业保险联动机制建设等

年份	名称	农业保险的相关内容
2017	《中共中央 国务院关于深入推进农业供给侧结构性改革加快培育农业农村发展新动能的若干意见》	鼓励地方探索土地流转履约保证保险；开展农户合作社内部信用合作试点，鼓励发展农业互助保险；鼓励金融机构积极利用互联网技术，为农业经营主体提供小额存贷款、支付结算和保险等金融服务；鼓励地方多渠道筹集资金，支持扩大农产品价格指数保险试点；探索建立农产品收入保险制度；深入推进农产品期货、期权市场建设，积极引导涉农企业利用期货、期权管理市场风险
2018	《中共中央 国务院关于实施乡村振兴战略的意见》	探索开展稻谷、小麦、玉米三大粮食作为完全成本保险和收入保险试点，加快建立多层次农业保险体系；深入推进农产品期货期权市场建设，稳步扩大"保险+期货"试点，探索"订单农业+保险+期货（权）"试点
2019	《中共中央 国务院关于坚持农业农村优先发展做好"三农"工作的若干意见》	推进稻谷、小麦、玉米完全成本保险和收入保险试点。扩大农业大灾保险试点和"保险+期货"试点。探索对地方优势特色农产品保险实施以奖代补试点

　　除了"中央一号"文件相关的政策外，财政部还研究制定了《粮食主产省农业大灾保险试点工作方案》，并印发了《关于在粮食主产省开展大灾保险试点的通知》，明确提出在13个粮食主产省选择200个产粮大县，面向适度规模经营农户开展农业大灾保险试点，试点保险标的首先选择关系国计民生和粮食安全的水稻、小麦、玉米三大粮食作物。财政部印发《中央财政农业保险保险费补贴管理办法》，进一步规范补贴资金预算管理和拨付流程，增加了追究审批责任的内容，引入了"无赔款优待"等鼓励农户投保，对中介机构行为进行了规范，并引导保险公司降低保险费率，加强承保理赔管理等，不断提高保障水平和服务质量。

各级政府在财政支持、政策规范、制度建设等方面加大了对农业保险的支持力度。各级政府财政大力支持农户投保，对主要农作物的保险费补贴合计占应收保险费的比例达80%。各地相应出台了《农业保险试点工作的实施意见》，规定了农业保险的试点品种、保险责任、保险金额、保险费率、保险补贴、保险模式以及保险地点，如《安徽省人民政府关于开展政策性农业保险试点工作的实施意见》《海南省人民政府办公厅关于印发2017年海南省农业保险工作实施方案的通知》等，就是对投保农业保险的农户利益的有力支持。可以说，中央和地方政府都是在积极采取措施，鼓励和支持农户投保农业保险，促进农业保险健康发展。

从2007年中央财政全面启动政策性农业保险试点以来，中央财政补贴连年增加。近年来，中央财政保费补贴的比例逐年提高，补贴品种已由最初的种植业5个，扩大至种、养、林3大类16个，地方自主确定的特色险种已超过200个，基本覆盖了关系国计民生和粮食、生态安全的主要大宗农产品；补贴区域已由6省区稳步扩大至全国。2018年，中央财政拨付农业保险保费补贴资金199.34亿元，同比增长11%，是2007年21.5亿元的9倍多。[①]

小　结

1. 农业风险管理是降低农业风险损失的有效手段，是现代农业发展中必不可少的环节。传统的农业风险管理方法包括多样化经营、农业灾害救助和农产品价格保护。目前，新型农业产业化经营模式、农业保险、农业金融衍生品工具等农业风险管理方式（工具）也在不断尝试和摸索中。

---

① 中华人民共和国农业农村部网站，www. moa. gov. cn/govpublic/zcggs/201909/t201901912_6327927. html.

2. 在农业风险管理方式中，农业保险优势明显。农业保险是指保险机构根据农业保险合同，对被保险人在种植业、林业、畜牧业和渔业生产中因保险标的遭受约定的自然灾害、意外事故、疫病、疾病等保险事故所造成的财产损失，承担赔偿保险金责任的保险活动。通过农业保险，可以有效地转移投保农户的农业风险，同时可以解决市场经济与农产品价格保护的矛盾，保障范围也比农业灾害救济广，是现代农业风险管理的必要手段。

3. 农业保险有助于稳定农业再生产，是我国乡村振兴和精准扶贫战略实施的保证。目前我国农业保险发展迅速，成效明显，这与国家针对农业保险实施的中央政策和财政补贴政策密不可分。

问题三　谁是农业保险的主体

新型经营主体对农业保险的新需求

随着农村的各项改革持续深化，我国农村的生产生活方式亦由此开始发生巨大的变化，给农业保险在发展动力、政策目标等方面提出了一些新的要求。其中，最引人注意的就是新型农村经营主体的发展与壮大。与传统小农户相比，追求规模化、专业化、社会化的新型农村经营主体对农业保险的态度也更为"给力"，由于要面临更多风险，一旦遭受损失将面临更大打击，因此新型主体对农业保险的需求也更为迫切。

安徽省2016年洪灾较严重，大片农田被淹。幸运的是，枞阳县共赢水稻种植专业合作社理事长吴叶胜今年给1900亩水稻都买了保险，洪水过后，保险公司按照绝收赔付，再加上补种改种，挽回了一部分损失，稳定了合作社的人心。

同样受灾严重的湖南省，农业保险也受到了新型主体的欢迎。洞庭湖之滨的安乡县楚源农业科技公司负责人余霞告诉记者，今年5000亩一季稻纳入保险范围，部分受了灾，全都得到了赔付。"有保险托底，我心里也有了底，敢增加投入。"

李兆华是黑龙江省嫩江县鸿翔达种植专业合作社的负责人，他告诉记者，2015年种了9000多亩大豆，其中3000亩大豆进了当地的大豆目标价格保险试点范围。后来大豆价格猛降，扣除保费，保险净赔付了 4 万多元。李兆华认为，有了这个保险，基本上就可以保障收益，不用提心吊胆担心大豆价格下降了。

湖南华容县今年探索推行水稻种植补充保险，赔付额最高达到每亩 800 元。种粮大户谭正军介绍说，以前每亩田保费 4.5 元，最高赔付额 360 元，今年有了补充保险，每亩再多交 6.6 元，最高赔付 800 元。他高兴地说："我家里 1000 亩水稻，部分受灾，按以往标准可能就是赔几万块钱，今年赔了 26.46 万元，不仅抵掉了成本，还有一点利润。"

然而，也有多名种养大户反映，在应对自然灾害风险上，相比传统散户可以多元化经营，新型主体难以转嫁风险，必须完全依靠农业保险。但目前赔付标准太低，甚至达不到物化成本，影响灾后再生产。

资料来源：贾泽娟. 新型经营主体：农业保险新天地［N］. 农村金融时报，2016 – 12 – 19（A02）.

【导读】　在本章中，我们将从供给和需求角度，探究农业保险市场的参与者。谁最需要农业保险？谁对灾害风险最敏感，会因为农业保险而获得保障？不同的需求主体所面临的风险特征是否相同？去观察谁在为这个市场服务、它们能够提供怎样的服务？通过本章的介绍，更好地理解农业保险的市场运作与经营。

一、谁是农业保险的需求者

（一）传统的小规模经营农户

小农户生产，就是经营规模很小的农业生产方式。我国农业是典型的小农经济型农业，所以小农户在我国占据的比例很大。从规模上看，我国农户平均占有耕地为 8.8 亩。其中，浙江、福建、广东和北京，农户平均占地规模最小，只有 3.2~2.4 亩。从数量上看，全国 2.6 亿农户，其中小农户的占比高达 2.3 亿农户，小农户从业人员占农业从业人员的 90%，小农户经营耕地面积占总耕地面积的 70%。[①] 小农户经营是当前和未来很长一段时期内我国农业的基本经营形态。

农业保险对小农户来说意义重大。首先，农业保险的保障功能，能够稳定小农户基本收入，提高小农户的抗风险能力。农业保险的灾损赔付可以弥补农业风险带来的损失，帮助农业生产经营者更快地恢复生产和再生产，为小农户撑起现代农业浪潮中的"保护伞"。除了经济保障，农业保险还能为农业生产经营者提供心理上的保障，使其能够更加从容地面对生产经营中的各类风险，达到能发展、敢发展的效果。其次，农业保险的增信功能，能够在一定程度上缓解小农户发展中面临的信贷约束。长期以来，农业生产经营风险高、农户风险管理手段有限以及资信条件不足等现实情况，与金融机构风险防控需求形成矛盾，使农户很难从金融机构获得信贷支持。农业保险通过对借款人的农业生产提供保障，可以充当一种信贷抵押品，降低了贷款人的风险预期，有助于缓解金融机构的后顾之忧，加大对小农户的金融支持力度。最后，以农业保险为纽带，架起小农户与综合金融服务的桥梁。作为现代经济的重要组成，金融支持一直是"三农"发展的关键环节之一，但过去很多金融工具与小农户的距离还很遥远。以农业保险作为切入点，为"三农"提供金融创新的渠道和手段，也可以让小农户对更多的金融工有全新的了解。

---

① 根据中国国家统计局网站公布的第三次全国农业普查数据公报（www.stats.gov.cn/tjsj/tjgb/nypcgb/）整理。

（二）新型农业经营主体

1. 新型农业经营主体的构成。所谓新型农业生产经营主体，强调的是"新"，就是在农村新出现的生产模式，主要是指在完善家庭联产承包经营制度的基础上，有文化、懂技术、会经营的职业农户和大规模经营、较高的集约化程度和市场竞争力的农业经营组织。从属性上看，主要包括以下四类农业经营者：

一是专业大户。专业大户以家庭为农业经营单位，与一般农户相比，农业生产规模化、专业化、高效化；但生产的农产品仍初级化、单一化，参与市场流通业依旧被动。

二是家庭农场。家庭农场是以家庭成员为生产主体的企业化法人经营主体。农业生产呈专业化、高效化、集约化、长产业链化；农产品商品化、集生产、加工、流通、销售为一体，生产设施装备机械化。

三是农户合作社。农户合作社是农户间通过土地、资金、技术、劳动力或者其他生产资料，采取一定合作方式结成的经营联合体。其农业生产经营呈现出规模化、专业化、高效化、互助化、联合化、市场化、团队化的特征。

四是龙头企业。龙头企业的农业生产专业化、组织化，效率远远高于前三种新型农业经营主体；农产品区域化、特色化，经营内容全产业链化，包含了种植、加工、仓储、物流运输、销售、科研及其他农业生产经营环节的各个方面。

2. 新型农业经营主体的农业保险需求。新型农业经营主体是推进农业农村现代化和乡村振兴的有生力量，农业产业化龙头企业肩负着组织农业产业化经营、引领农业现代化生产、组织小农生产进入现代化轨道的重要使命。近年来，我国新型农业经营主体快速发展，数量不断增加。据农业部统计，截至2016年12月，全国种植面积在50亩以上的专业大户有356万户，家庭农场87.7万家，经营耕地1.76亿亩，其中有44.5万户家庭农场纳入农业部门名录，农户合作社179.4万家，龙头企业12.9万多家，各类农业社会化服务组织达到115万个。可以预见，随着乡村振兴战略的实施，农业规模化经营的比例还将不断提高，新型农业经营主体的数量还会迅速增加。

新型农业经营主体有着更强烈的农业保险需求：

第一，新型农业经营主体对农业保险的依赖性更强。新型农业经营主体的种植面积远远大于传统小农户，其农业收入水平也较高。规模化与专业化生产经营使得新型农业经营主体的种植品种较为单一，风险集中度高于传统小农户，遇到相同的风险，其面临的损失后果更为严重，导致其更加依赖于农业保险，同时农业生产经营性收入是其主要收入来源，因此新型农业经营主体普遍意识到农业保险是灾后风险融资的重要方式，愿意主动购买农业保险，对农业保险需求更为迫切。

第二，新型农业经营主体对农业保险保障水平的要求更高。传统农业保险产品的保险金额较低，甚至难以覆盖种植业的物化成本，不能适应现代农业高成本、高投入的生产特点。例如，新型农业经营主体越来越多地应用现代农业科学技术和农业机械化操作，大量设备投入的成本不断提高，并且随着农村人口结构的变化以及劳动力市场供求关系的逆转，人工成本也在不断攀升。我国保险市场上现存的直接物化成本的保险难以满足其投保需求，需要更高保障水平的产品。

第三，新型农业经营主体对创新型保险产品的需求更加迫切。新型农业经营主体是通过农产品的市场销售来获得主要收入，需要遵循市场需求进行生产经营活动，这就决定了其面临更大的市场风险，对于能应对市场风险的价格保险、收入保险的需求更大。

新型农业经营主体对农业保险的购买意愿和愿意支付的保费水平也显著高于传统小农户。

第四，新型农业经营主体对投保、定损及理赔等保险服务的要求更高。基层保险服务团队采取的传统服务方式基本能满足传统农户的服务要求，而新型农业经营主体较大的生产规模和复杂的组织形式，无论是投保前的承保、核保，还是投保后的查勘、理赔等事项，都对服务技术提出了新的要求。

总之，相较于"小而散"的传统农户，新型农业经营主体在农业生产上成本高、投入大，对灾害风险更为敏感，对农业保险更为需求。创新符合新型农村经营主体需求的农业保险产品，满足"新常态"下新型主体面临的切实需求，成为当下农业保险发展的又一课题。

二、谁是农业保险的经营者

（一）开展农业保险业务的保险公司资格要求

为了加强农业保险业务管理，促进农业保险业务平稳健康发展，2013年中国保监会下发《关于加强农业保险业务经营资格管理的通知》，对农业保险业务的经营资格做出了要求，保险公司申请农业保险业务经营资格时，应当具备下列条件：保监会核定的业务范围内含农业保险业务；偿付能力充足，上一年度末及最近四个季度末偿付能力充足率均在150%以上；总公司具有经股东会或董事会认可的农业保险发展规划；有相对完善的基层农业保险服务网络。原则上在拟开办农业保险业务的县级区域应具备与业务规模相匹配的基层服务网络；总公司及拟开办区域的分支机构有专门的农业保险经营部门并配备相应的专业人员；有较完善的农业保险内控制度以及统计信息系统；农业保险业务能够实现与其他保险业务分开管理，信息系统支持单独核算农业保险业务损益；有较稳健的农业再保险和大灾风险安排以及风险应对预案；已在部分省（自治区、直辖市）开办农业保险业务的公司，如拟在其他省（自治区、直辖市）开办农业保险业务，其系统内上一年度农业保险业务应未受过监管机关行政处罚；保监会规定的其他条件。

也就是说，只有满足农业保险业务经营条件的保险公司，经相关部门批准才具备开展农业保险业务的资格。

（二）专业性农业保险公司

专业性农业保险公司是指专门或者主要经营农业保险的股份制保险公司。目前，我国有5家专业性农业保险公司，分别为上海安信农业保险股份有限公司、安华农业保险股份有限公司、国元农业保险股份有限公司、中原农业保险股份有限公司和阳光农业相互保险公司。

上海安信农业保险股份有限公司于2004年9月成立，是我国首家专业性的农业保险公司，目前开展业务的范围主要在上海、浙江、江苏。安华农业保险股份有限公司于2004年12月成立，总部设在吉林省长春市，目前在吉林、辽宁、山东、内蒙古、北京等地开展农业保险业务。国元农业保险股份有限公司于2008年成立，是第一家总部设在安徽的财产保险公司。公司由安徽省金融资产规模最大的国有大型金融控股企业安徽国元控股（集团）有限责任公司等23家国有企业共同设立。中原农业保险股份有限公司于2015年5月成立，总部设在河南省郑州市，由河南省17家国有企业共同投资发起。相互保险公司是被保险人为保障自己的经济利益而创设的一种合作性保险组织。其特点是被保险人同时也是保险人，保险资本通过成员认缴的方式聚集，并接受外部参股资本。其经营目的是为了提供低成本的保险产品，而不是追逐利润。阳光农业相互保险公司于 2005 年在黑龙江省设立，是我国第一家相互保险公司。公司已在哈尔滨、齐齐哈尔、牡丹江、佳木斯、绥化、宝泉岭、红兴隆、建三江、北安、九三等设立 10 家分支机构；在友谊、铁力等地设立 94 家保险社。

（三）开展农业保险业务的综合财险公司

除了专业性农业保险公司外，一些综合财产保险公司在不同地区也开展了农业保险业务：

中国人民财产保险股份有限公司已在 31 个省份开展了农业保险业务。

中华联合财产保险股份有限公司开展农业保险业务的地区有：北京市、天津市、河北省、内蒙古自治区、辽宁省、江苏省、浙江省、广东省、福建省、山东省、河南省、湖北省、湖南省、重庆市、四川省、陕西省、甘肃省、新疆维吾尔自治区。

中国太平洋财产保险股份有限公司开展农业保险业务的地区有：北京市、山东省、河南省、广西壮族自治区、湖南省、内蒙古自治区、天津市、云南省。

中国平安财产保险股份有限公司开展农业保险业务的地区有：北京市、贵州省、湖北省、宁夏回族自治区、云南省等。

阳光财产保险股份有限公司开展农业保险业务的地区有：重庆市、黑龙江省、云南省、陕西省、贵州省。

华农财产保险股份有限公司开展农业保险业务的地区有：北京市、江苏省、四川省、河北省、浙江省。

中航安盟财产保险有限公司开展农业保险业务的地区有：重庆市、四川省、吉林省、陕西省。

中国人寿财产保险股份有限公司开展农业保险业务的地区有：山西省、河南省、江西省。

锦泰财产保险股份有限公司开展农业保险业务的地区有：重庆市、四川省。

永安财产保险股份有限公司开展农业保险业务的地区有：陕西省、河南省。

安诚财产保险股份有限公司开展农业保险业务的地区有：重庆市。

泰山财产保险股份有限公司开展农业保险业务的地区有：山东省。

安邦财产保险股份有限公司开展农业保险业务的地区有：四川省。

三、政府在农业保险经营中扮演什么角色

（一）政策性农业保险的内容

政策性农业保险是相对于商业性农业保险而言的特殊保险类型，是政府为了实现农业农村发展等特定政策目标而主导并推动的一种农业支持与保护制度，通过对农业保险参与主体提供一定比例财政补贴，帮助参保农户以低于市场的价格购买农业保险产品及服务，以分散农业生产与经营风险。

与商业性农业保险相比，政策性农业保险具有如下特点：

第一，政策性农业保险由政府直接组织并参与经营，或指派并扶持其他保险公司经营，不具有营利性；而商业性农业保险的经营范围只由商业性保险公司承担，是以营利为目的的。

第二，政策性农业保险的产品由政府给予一定比例的补贴，而商业性农业保险则完全由投保人自己承担保费。

第三，政策性农业保险是由政府组织推动，而商业性农业保险是由市场机制调节运作的。

第四，政策性农业保险是政府推动的，必须执行的。政府通过有关的法律规定对参与农业保险的农户既可享受到国家保险补贴，又可以享受到其他的优惠政策。如果不参加保险，灾后政府就不给予救济，农产品不能得到政府价格补贴等。

第五，政策性农业保险经营的项目，一般保险责任范围涵盖范围广，保险标的损失概率较大，从而成本损失率高，商业性农业保险经营的项目责任范围窄，保险标的损失概率较小，成本损失可能性小。

（二）政策性农业保险中政府的工作

1. 保费补贴。我国农业保险采取提供财政补贴的政策性经营模式。保费补贴的目的在于增加农户的付费能力，提高农户参加农业保险的积极性。2007 年之前，我国关于农业保险的制度供给很少。由于缺少政策支持，保险公司经营农业保险无法获利，只能逐渐退出市场，最终"供给不足"；农户也无法得到政策激励，比如政策补贴、农业保险宣传，在收入、保险意识等因素限制下，农业保险"需求不足"。2007 年，中央财政首次列支 21.5 亿元的预算额度开展保费补贴试点政策以来，我国农业保险承保覆盖率、农户承保积极性迅速提高。[①] 保费补贴为农业保险快速发展发挥了重要推动作用，我国农业保险保费收入从 2007 年开始快速增长。据财政部数据显示，2017 年中央财政农业保险保费补贴资金达179.04 亿元，2018 年补贴资金达 199.34 亿元。随着补贴力度、范围以及品种的增加，我国农业保险快速发展。

---

① 中华人民共和国农业农村部网站，www. moa. gov. cn/govpublic/zcggs/201909/t20190912_6327927. html.

2. 经营管理支持。农业遭受灾害风险频繁，且多以家庭生产为单位经营、规模分散，承保、调查、索赔成本较高，较易发生逆向选择和道德风险，造成农业保险业务成本较高，与之相应的保险费率也就比较高。对政策性农业保险的经营机构提供财政支持，目的是解决农业保险经营成本过高的问题。其具体措施包括"明补"形式的税收优惠政策、经营管理费用补贴和"暗补"形式的"以险养险"措施。

3. 风险责任共担。即在一定范围内和一定程度上分摊政策性农业保险经营机构的赔款责任，解决农业保险赔付压力过重的问题。目前各试点地区的风险分担机制主要有两种：一是地方政府与保险公司联办模式，经营风险包括赔款及超额赔款责任由地方政府和保险经办机构共同承担；二是保险公司自营模式，即在政府财政补贴的政策框架下，保险公司自主经营、自负盈亏。

4. 大灾风险分散机制。其目的是解决农业保险中大灾风险难以分散的问题。农业大灾风险发生频率高，大面积干旱、洪水、台风等风险事故往往会给经营机构造成沉重打击，再保险安排和大灾风险准备金的建立是抵御大灾对政策性农业保险威胁的两大保证。目前中央并未建立大灾风险分散体系，大灾风险分散责任主要表现为地方政府责任。从各试点地区的方案看，北京、山东等地明确应建立大灾风险准备金，并积极利用再保险等市场化机制分散经营风险。但也有相当省区尚未明确大灾风险处理机制，这意味着一旦大灾发生，在经营机构无法负担的情况下，政府将被迫承担所有风险。

【专家论道】

发达国家农业保险经营的经验

美国是世界上农业最发达的国家之一，具有全球最大的农业保险市场。美国的农业保险模式是以国家专门保险机构为主，经营政策性农业保险，经历了从私营到国营再到现在的公私合营双轨制的模式演进。从 1939 年开始实施政府农作物保险计划至今，已有 70 多年的历史。美国的农业保险有较完善的法律法规作为依托，利用优惠政策诱导商业性组织介入其中，最终实现政府淡出、市场主导农业保险的局面。

美国农业保险业务的运作分为联邦农作物保险公司、私营保险公司、保险代理人（农业保险查勘核损人）三个层次。农业保险业务由经政府审批的商业公司经营或代理，政府和联邦农作物保险公司不做直保业务，主要负责规则的制定，对私营公司的稽核与监督，提供再保险等。这些被批准经营农业保险的公司具有充足的资本和良好的信誉，并且都有丰富的农业保险业务经验，技术强大，能够满足农业保险业务拓展的需求。农作物直保业务主要是通过代理人销售。农业保险核损人需要经过农业部风险管理局专业培训两年，取得从业资格。核损查勘人可以供职某一家商业保险公司，也可做独立查勘定损人。

美国农业保险采取自愿原则，但带有强制色彩。联邦政府规定不参加农作物保险计划的农户将得不到政府的其他福利计划，实质上是在自愿保险的基础上加入了强制性的因素。对于一般的农作物损失保险，农户可以自愿选择。

农业保险风险大，赔付率高，需要政府在政策上予以支持。美国联邦政府对农作物保险的政策支持主要有费用补贴和提供再保险。费用补贴主要有两方面：一是保费补贴。不同险种按不同比例补贴保费，并提供不同水平的保障供保户自主选择。近年来，联邦政府农作物保险随着保障程度的增高，费率也有所升高，政府补贴后农户才能承担得起。二是经营管理费用补贴。政府向承办农作物保险的私营保险公司提供经营管理费用补贴，补贴费用额度视其业务量和其他条件而定，联邦农作物保险公司同时承担私营保险公司的各项费用，包括农作物保险推广和培训等费用。风险分散方面，联邦政府通过联邦农作物保险公司向私营保险公司提供再保险支持，风险管理局按风险的高低建立了三种不同风险水平的再保险基金。

资料来源：斯玉. 美国：政府主导农业保险［N］. 中国妇女报，2016 - 11 - 20（A2）.

小　结

1. 在我国农业从传统小农经济向适度规模化方向发展的过程中，农户群体形成以新型农业经营主体和传统小农户为代表的二元分化。提升农业保险精细化服务水平，满足不同类型经营主体多元化和多层次的风险管理需求。针对小农户分散经营的特点，实现农业保险精确承保和精准理赔服务，提高小农户农业保险服务的获得感。兼顾新型经营主体更高层次的农业风险保障需求，探索政策性农业保险与商业性附加险的有效结合，提高农业新型经营主体风险保障程度，实现农业新型经营主体敢发展、能发展和带动小农户共同发展的目标。

2. 政策性农业保险是以保险公司市场化经营为依托，政府通过保费补贴等政策扶持，对种植业、养殖业因遭受自然灾害和意外事故造成的经济损失提供的直接物化成本保险。政策性农业保险的三方参与主体是农户、保险公司和政府。

问题四　农业保险保什么
——农业保险的种类

地方特色农业保险品种待创新

　　2018 年 4 月，山西某县级市遭遇倒春寒，受灾十分严重。小麦受灾面积 22043 亩；蔬菜受灾面积 5405 亩，其中严重受灾面积 2000 亩；果树受灾面积 167714 亩，其中严重受灾面积 58753.06 亩，绝收面积 7589.4 亩。当前该市仅仅开展了小麦、玉米两种作物的农业政策性保险，保额分别为 300 元和 260 元。小麦保费每亩 15 元，中央、省、市、县财政补贴 12.75 元，农户交 2.25 元；玉米保费每亩 18.2 元，中央、省、市、县财政补贴 15.47 元，农户交 2.73 元，参保率一直徘徊在 60%～70%。而干鲜果经济林等其他地方特色农业保险仅仅为开展苹果、梨、核桃和红枣这 4 种作物的试点，保额为 400～1000 元，分为主险和附加险两部分（主险与附加险共用一个保险金额，只增加保费与保险责任），总费率高达 9% 至 16%，保费总金额从 54 元到 128 元不等，远远高于小麦和玉米，再加之国家没有对参保农户进行保费补贴，每次事故免赔率为 10%（比如投保金额为 400 元，出现事故的损失低于 40 元时，保险公司不予赔偿）。

　　随着市场经济的发展，我国粮经作物比例发生了较大的变化，干鲜果经济林收入占农业总收入的比重越来越大。但近年来风灾、雹灾、冻害等灾害性天气频发，对干鲜果作物影响较大，对农户收入造成了一定的损失，且政策性农业保险并未涉及干鲜果、蔬菜等经济作物，大大挫伤了农户的积极性。

资料来源：积极开展地方特色农业保险的几点建议［N］. 运城日报，2018－08－10（007）.

【导读】 农业生产的特点是除土地是基本的生产资料外，主要劳动对象是有生命的动植物。植物和动物的成长受自然条件的影响很大，即使在经济发达的国家，也是如此。从目前农业保险的保障范围来看，主要包括种植业保险和养殖业保险。本章将结合产业特点，分别予以介绍。

一、什么是种植业保险

（一）种植业保险的种类

种植业通常是指栽培植物以获取产品的生产行业。广义的种植业包括农作物栽培和林果生产两部分。种植业生产是人类生活资料的基本来源，生产的粮食、油料、糖料、蔬菜以及木材和果品等，有的作为生活资料，有的作为工业原料。种植业生产是在土地上利用天然的光、热、水、气条件，通过植物生长机能去转化能量而获得产品，所以，种植业深受大自然中气象灾害的影响，以及病虫害和火灾等意外事故的威胁。种植业保险，作为一种分散风险并能在灾后及时提供经济补偿的风险管理手段，越来越被人们所认识，也发挥出越来越大的作用。种植业保险一般包括农作物保险和林木保险两大类。

1. 农作物保险。农作物是指人工栽培的植物，包括粮食作物、经济作物、绿肥和饲料作物等。按农作物的不同生长阶段，农作物保险又可具体分为生长期农作物保险和收获期农作物保险。

（1）生长期农作物保险。生长期农作物保险是以发苗至收获前处在生长过程中的农作物为保险标的的保险。目前，我国开办的生长期农作物保险有：小麦种植保险、水稻种植保险、玉米种植保险、棉花种植保险、烟叶种植保险、甘蔗种植保险等。

（2）收获期农作物保险。收获期农作物保险是承保农作物收获后在进行晾晒、轧打、脱粒和烘烤加工过程中，因遭受水灾、洪水、暴风雨等灾害而造成农作物产品损失的一种保险，如麦场夏粮火灾保险、烤烟水灾保险等。

2. 林木保险。林木保险的保险标的主要是指人工栽培的人工林和人工栽培的果木林两大类。原始林或自然林不属于保险标的范围。

（1）树木保险。林木在生长期遇到的灾害有火灾、虫灾、风灾、雪灾、洪水等，其中火灾是森林的主要灾害。目前，我国只承保单一的火灾责任，今后将会逐步扩大保险责任——保险合同中注明的应由保险人赔偿损失或给付保险金的责任、范围。树木保险可以根据未来的生长期确定保险期限，也可以按1年定期承保，到期续保。树木保险的保险金额确定方式有两种：一是按照林木的成本确定；二是分成若干档次确定。

（2）果树保险。果树保险根据承保地区主要树种的自然灾害选择单项灾害或伴发性的灾害作为保险责任，对于果树的病虫害一般不予承保。果树保险一般可分为果树产量保险和果树死亡保险两种。果树产量保险只保果树的盛果期，初果期和衰老期一般不予承保；保险期限是从出果时起到果实达到可采成熟时止。果树死亡保险的保险期限多以1年期为限。

（二）种植业保险的保险责任

根据《关于进一步完善中央财政保费补贴型农业保险产品条

款拟订工作的通知》，中央财政补贴的种植业保险主险的保险责任包括但不限于暴雨、洪水（政府行蓄洪除外）、内涝、风灾、雹灾、冻灾、旱灾、地震等自然灾害，泥石流、山体滑坡等意外事故，以及病虫草鼠害等，且不得设置绝对免赔。种植业保险条款应根据农作物生长期间物化成本分布比例，科学合理设定不同生长期的赔偿标准。原则上，当发生全部损失时，三大口粮作物苗期赔偿标准不得低于保险金额的40%，且投保农作物损失率在80%（含）以上应视为全部损失。

不同种类农作物的保险责任不同，同一种农作物在不同省市的保险责任可能也不同。以2018年小麦保险为例，河南省小麦保险的保险责任是由于暴雨、洪水（政府行蓄洪除外）、内涝、风灾、雹灾、地震、泥石流、山体滑坡、火灾、病虫草鼠害造成保险小麦的损失，且损失率达到30%（含）以上的，以及由于旱灾、冻灾、连阴雨直接造成保险小麦的损失，且相关灾害指标值达到保险合同约定的赔偿范围，保险公司负责赔偿。河北小麦保险的保险责任是由于暴雨、洪水、内涝、风灾、雹灾、冻灾、山体滑坡、泥石流、地震害造成保险小麦的损失，且损失率达到10%（含）以上的，以及病虫草鼠害、旱灾造成保险小麦的损失，且损失率达到50%（含）以上的保险公司负责赔偿。例如，同样是小麦保险，两个省的保险责任基本覆盖了所有自然灾害和意外事故，但是起赔点不同，河南省是损失率达到30%（含）以上时起赔，而河北省小麦保险是损失率达到10%（含）以上时起赔。并且河北省的旱灾和病虫草鼠害造成小麦损失的，损失率达到50%（含）以上时起赔，河南省则没有单独区分这两种自然灾害的起赔点，但是河南省对旱灾、冻灾、连阴雨是根据气象指标设置范围进行损失赔偿。不同投保人要关注本省出台的农业保险政策和注意阅读保险合同中的保险责任和除外责任相关内容。

（三）种植业保险中自然灾害和病虫害的受灾标准

种植业保险责任有暴雨、洪水、内涝、风灾、雹灾、冻灾、低温冷害、干热风、旱灾、地震等自然灾害，泥石流、山体滑坡等意外事故，以及病虫草鼠害等。不过种植业保险合同中对每一种自然灾害都有特别的规定，其中：

暴雨是指降雨量每小时在 16 毫米以上，或连续 12 小时降雨量达 30 毫米以上，或连续 24 小时降雨量达 50 毫米以上造成的一定面积作物减产甚至绝产的灾害。比如北京 2012 年 7 月 21 日暴雨，从早上 10 点起的 7 个小时内全市平均降雨量达到了 57.6 毫米，使得种植业损失惨重，据有关部门统计，投保种植业的农户受灾面积达到 28.6 万亩，北京市保险业对这次暴雨受损的农户共赔付了 285 万元。

洪水是指由于降雨、融雪、融冰、风暴、堤坝溃决等原因引起江、河、湖、水库或沿海水量增加，水位上涨而泛滥，或山洪暴发，浸泡、冲散、冲毁一定面积作物，造成作物减产甚至绝产的灾害。如安徽 2016 年暴雨洪涝灾害严重，对这个传统农业省份的农业生产影响很大。

内涝是指由于降水过多，地面径流不能及时排除，造成的农田积水超过作物耐淹能力，造成的一定面积作物减产甚至绝产的灾害。

风灾是指 8 级以上大风，造成的一定面积作物减产甚至绝产的灾害。很多设施蔬菜种植户，一定领教过大风天气对大棚、温室的破坏，其造成的损失是巨大的，现在很多省市都设有大棚温室保险，对风灾造成的损失，保险公司给予赔付。

雹灾是指在对流性天气控制下，积雨云中凝结生成的冰块从空中降落，造成的一定面积作物减产甚至绝产的灾害。针对雹灾，有保险公司特别设立了"农作物雹灾保险",由于雹灾原因直接造成保险农作物的损失,保险公司将按照保险合同的约定给予农户赔偿。

冻灾是指因遇到 0℃ 以下或长期持续在 0℃ 以下的温度,引起作物冰冻或是丧失一切生理活力,造成农作物正常生长发育受到严重影响乃至死亡,最终导致减产、绝产。

低温冷害是指农作物在生育期间,遭受低于其生长发育所需的环境温度,引起农作物生育期延迟,或使其生殖器官的生理机能受到损害,导致农业减产。

干旱是指在足够长的时期内,因降水量严重不足,致使土壤因蒸发而水分亏损,河川流量减少,造成的一定面积作物减产甚至绝产的灾害。如 2016 年度内蒙古东部地区发生重大干旱,保险公司赔款达到了 40 多亿元。

病虫害是指由严重危害作物的病、虫、草、鼠等有害生物在一定的环境条件下暴发或流行,造成一定面积作物减产甚至绝产或农产品大批量变质的灾害。例如,吉林省 2012 年 8 月的玉米主产区暴发罕见的黏虫危害、江苏地区的小麦赤霉病等。此外,小麦条锈病、棉花枯萎病、棉铃虫、蚜虫或红蜘蛛等也是常见的病虫害。

其他灾害是指除以上列明灾害以外的,其他造成一定面积作物减产甚至绝产的灾害。

(四)种植业保险的业务知识

1. 种植业保险的保险期限和保险金额。种植业生产具有规律性和季节性,使种植业保险承保方面表现出明显的季节性。从保险期限来看,一般农作物是苗期投保,秋后待农作物收获期开始时结束。如一般小麦保险期限规定为:从小麦苗齐后起保,到成熟收获期开始止。同时，保险合同根据当地的农时，也做出了保险期限的约定，具体应以保险合同约定的起止期为准。

保险金额是最高的赔付限额，目前政策性种植业保险的保险金额参照当年当季农作物生产的直接物化成本来设定，包括种子、化肥、农药、灌溉、机耕和地膜等成本，各省主要农作物保险金额一般达到了直接物化成本的90%以上。2017年财政部印发了《粮食主产省农业大灾保险试点工作方案》，决定在13个粮食主产省选择200个产粮大县，面向适度规模经营农户开展农业大灾保险试点，保险金额覆盖了直接物化成本和地租成本。

2. 种植业保险的保费计算。一般保险费是由保险金额和保险费率相乘来计算的。种植业保险保费＝每亩保险金额×投保面积×保险费率。如安徽种植大户老王给自己种植的100亩水稻投了水稻基本险。2018年安徽水稻种植基本保险每亩保险金额为406元，保险费率为6%。政府财政补贴80%，个人自付20%。那么，老王该缴多少保险费？

老王投保保费具体算法为：406元/亩×100亩×6%＝2436元。总保费2436元，政府财政补贴80%，个人自付20%，即老宋该缴保费为2436×20%＝48.72元。政策性农业保险的保费大部分由中央和地方政府财政承担，投保农户只需缴纳一小部分。

3. 种植业保险的财政补贴比例。根据规定，我国政策性农业保险实行中央财政补贴＋地方财政补贴＋个人付费的方式。根据《中央财政农业保险保险费补贴管理办法》文件要求，种植业保险，中央财政对中西部地区补贴40%、对东部地区补贴35%；省级财政补贴25%，市县级财政补贴20%，农户自缴控制在20%以内；对纳入补贴范围的新疆生产建设兵团、中央直属垦区、中国储备粮管理总公司、中国农业发展集团有限公司等（以下统称中央单位），中央财政补贴65%，农户自缴部分为35%；天然橡胶在省级财政至少补贴 25% 的基础上，中央财政补贴 40%；对中央单位，中央财政补贴 65%。

在上述补贴政策基础上，中央财政对产粮大县三大粮食作物（水稻、小麦、玉米）保险进一步加大支持力度。比如，2018 年安徽省产粮大县三大粮食作物保险，中央财政补贴 45%、省财政补贴 30%、市县财政补贴 5%；山东省粮食种植业保费比例农户自行承担 20%，省财政部门对东、中、西部地区分别承担 65%、70%、75%，剩余补贴资金由市级财政承担。

4. 种植业保险遇灾损失后赔偿金额计算。一般发生灾害后，投保农户要及时报案，保险公司受理后，按照保险合同的约定开展理赔，最高每亩赔偿标准为保险合同规定的亩保险金额，在具体理赔中，按照部分损失和全部（绝产）损失以及灾害发生时农作物生长期来计算赔偿金额。

一是部分损失，损失率高于起赔点，低于 80% 的损失情况的，计算赔偿金额的方法为：

赔偿金额 = 农作物不同生长期最高赔偿标准 × 实际损失率 × 受损面积

赔偿金额 = 农作物不同生长期最高赔偿标准 × （1 – 实际收获产量/预期收获产量）× 受损面积

一般农作物不同生长期最高赔偿标准在保险合同中已经明确约定，苗期标准为亩保险金额的 50% 左右，生长中期为亩保险金额的 70% 左右，成熟期为亩保险金额的 100%。

二是全部损失，一般来说，投保农作物损失率在 80%（含）以上应视为全部损失。计算赔偿金额的方法为：

赔偿金额 = 农作物不同生长期最高赔偿标准 × 受损面积

例如：老李种植了 100 亩水稻，全部投保水稻保险，每亩保额 500 元，保险水稻在孕穗期至抽穗期时由于遭遇稻瘟病，投保水稻减产40%。按合同约定孕穗期至抽穗期时，每亩最高赔偿标准亩保额的80%为400元，则赔偿金额具体算法为：赔偿金额＝不同生长期的每亩最高赔偿标准（400元）×损失率（40%）×受损面积（100亩）＝16000元，所以老李共计获得1.6万元赔款。

从老李缴纳的保费来看，按亩保额500元、费率6%，100亩水稻，政府补贴80%，自己承担20%，老李总共缴纳600元保费，政府补贴保费2400元。老李投保的水稻如果全部损失（绝产），可以最高获得50000元保障，本次案例中发生的是部分损失，老李获得16000元的赔款，对于恢复生产，保障收入有明显作用。

二、什么是养殖业保险

（一）养殖业保险的种类

养殖业是利用动物的生理机能，通过人工养殖以取得畜禽产品和水产品的生产行业。由于养殖业的劳动对象是有生命的动物，它们在生产过程中具有移位和游动的特点，因此，在利用自然力方面，比种植业有较大的灵活性。但是，养殖业也受到自然灾害和意外事故的影响，尤其受到疾病死亡的严重威胁。养殖业产品的经济价值相对较高，一旦遭遇灾害，造成较大损失。例如，一头奶牛的市场价在6000～10000元，部分进口奶牛甚至超过20000元，一头出栏猪的市场价在1000元左右，一头牛或猪死亡，对养殖户而言损失是很大的。如淡水养殖的南美白对虾，一亩水面的收入会有几万元，海水里的网箱养鱼，一个网箱的成品鱼也能卖出几万元甚至几十万元，一旦受灾，养殖户血本无归。养殖业面临着地震、冰雹、台风、冻灾、雪灾、高温、洪水等自然灾害，及中毒、火灾、场舍倒塌等意外事故，以及疾病和疫病等风险，尤其烈性传染疫病，发生涉及范围广，会对整个地区的养殖产业

体验农业保险

带来沉重的打击。这些风险均能够在养殖保险中得到保障。

养殖业保险，是以有生命的动物为保险标的，在投保人支付一定的保险费后，对被保险人在饲养期间遭受保险责任范围内的自然灾害、意外事故所引起的损失给予补偿。这是一种对养殖业风险进行科学管理的最好形式。一般把养殖业保险分为畜禽养殖保险和水产养殖保险两大类。

1. 畜禽养殖保险。畜禽养殖保险是以人工养殖的牲畜和家禽为保险对象的养殖保险。在畜禽养殖保险中，根据保险标的的特点，又可分为牲畜保险和家禽保险。

（1）牲畜保险。牲畜在饲养过程中，面临的灾害风险较大，如疾病、自然灾害或意外事故造成的死亡或伤残。牲畜保险一般根据不同牲畜的饲养风险，选择几种主要的传染病，再加上部分自然灾害和意外事故作为保险责任。但要尽量避免承保与人为因素密切相关的风险。

（2）家禽保险。家禽保险是指为经人们长期驯化培育，可以提供肉、蛋、羽绒等产品或其他用途的禽类提供的一种保险。由于家禽在饲养过程中一般采取高密度的规模养殖方式，因此，承保责任以疾病、自然灾害和意外事故等综合责任为主。

2. 水产养殖保险。水产养殖保险是指对利用水域进行人工养殖的水产物因遭受自然灾害和意外事故而造成经济损失时，提供经济补偿的一种保险。从水产养殖的水域环境条件来分，主要有淡水养殖保险和海水养殖保险两大类。

（1）淡水养殖保险。淡水养殖保险的保险标的主要有鱼、河蚌、珍珠等。淡水养殖保险主要承保因自然灾害或非人为因素造成意外事故所致保险标的的死亡，对因疾病引起的死亡一般不予承保。

（2）海水养殖保险。海水养殖保险是指为利用海水资源进行

· 62 ·

人工养殖者提供的一种保险。目前，开办的海水养殖保险有对虾养殖保险、扇贝养殖保险等。海水养殖主要集中在沿海地区的浅海和滩涂，因此面临的风险主要是台风、海啸、异常海潮、海水淡化或海水污染等造成保险标的的流失或死亡。海水养殖保险的保险责任主要是自然灾害造成的流失、缺氧浮头死亡等，对疾病、死亡风险一般需特约承保。

（二）养殖业保险责任

根据《关于进一步完善中央财政保费补贴型农业保险产品条款拟订工作的通知》，中央财政补贴的养殖业保险主险的保险责任包括但不限于主要疾病和疫病、自然灾害（暴雨、洪水（政府行蓄洪除外）、风灾、雷击、地震、冰雹、冻灾）、意外事故（泥石流、山体滑坡、火灾、爆炸、建筑物倒塌、空中运行物体坠落）、政府扑杀等。当发生高传染性疫病政府实施强制扑杀时，保险公司应对投保农户进行赔偿，并可从赔偿金额中相应扣减政府扑杀专项补贴金额。且能繁母猪、生猪、奶牛等按头（只）保险的大牲畜保险条款中不得设置绝对免赔。同时，养殖业保险条款应将病死畜禽无害化处理作为保险理赔的前提条件，不能确认无害化处理的，保险公司不予赔偿。

（三）养殖业保险中疾病的划分

在养殖业保险合同中，动物疾病包括传染性疫病和非传染性疫病。动物的疫病是指在《中华人民共和国动物防疫法》中列明的三类疫病。第一类疫病指对人与动物危害严重，需要采取紧急、严厉的强制预防、控制、扑灭等措施的疫病；第二类疫病指可能造成重大经济损失，需要采取严格控制、扑灭等措施，防止扩散的疫病；第三类疫病指常见多发并可能造成重大经济损失，需要控制和净化的疫病。动物非传染性疫病是指除《中华人民共和国动物防疫法》中列明的疫病以外的疾病。如果投保的养殖产品因病死亡，应当由当地动物防疫部门出具报告，并依法必须进行无害化处理。

（四）影响养殖业经济效益的自然灾害和意外事故

影响养殖业的自然灾害包括如暴雨、洪水、干旱及泥石流等，常见的意外事故包括野兽的伤害、互斗、淹溺、中毒、火灾、场舍倒塌等。

另外，在发生较严重的动物传染病时，扑杀患有传染病的动物是常用到的手段之一。扑杀是指为防止疫病的蔓延，由县级及县级以上政府或畜牧管理部门针对一定范围内的保险标的，采取灭杀、掩埋或焚烧等行为。比如，禽流感比较严重的时期，一旦发现家禽急性死亡，有关部门经检查确认是高致病性禽流感所致，就会紧急扑杀、深埋和无害化处理疫点的剩余家禽，并对疫点内的用具、禽舍、场地、交通工具、饲料、垫料，以及排泄物等受污染的物品进行严格的消毒。

（五）养殖业保险的业务知识

1. 养殖业保险期限。由于养殖业的标的不同、饲养的时间不同、生长速度不同，所以其保险期限有着一定的差异，且为了防止带病投保，养殖业保险通常规定 7~30 天的免责观察期，在观察期内发生保险事故，保险人不负责赔偿，但可退还相应保险费。

对保险期限来说，能繁母猪、奶牛保险的保险期通常为 1 年；育肥猪的保险期限通常为 6 个月，观察期通常 20 天左右；肉鸡保险以正常饲养日 45 天为一个固定保险期限，即从雏鸡进入饲养鸡舍次日零时起至饲养 45 天之日二十四时止，保险期限内设立观察期，观察期为保险单载明的保险起期顺延七天。

2. 养殖业保险保费计算。目前，政策性养殖业保险的保险金额原则上为保险标的生理价值，包括购买价格和饲养成本为限。

保费是由保险金额和保险费率相乘来计算的。例如，安徽的养殖大户老马给自己养殖的 100 头能繁母猪投了农业保险。2018 年安徽能繁母猪保险每头保险金额为 1000 元，保险费率为 6%，政府财政补贴 80%，个人自付 20%。那么，老马该缴多少保险费？一般来说，养殖业保险保费 = 每头或每只保险金额（1000 元）× 投保数量（100 头）× 保险费率（6%）。这样总保费为 6000 元，政府财政补贴 80%，个人自付 20%，即老马自缴保费 1200 元。

养殖业保险保险金额和费率在各省市不尽相同。例如，生猪保险，2018 年，宁波市每头能繁母猪保险金额是 1300 元，费率是 6%，每头保费是 78 元；安徽省每头能繁母猪保险金额是 1000 元，费率是 6%，每头保费是 60 元。

3. 养殖业保险的财政补贴比例。在养殖业保险中，享受财政补贴的养殖业保险品种有 5 个：奶牛、能繁母猪、育肥猪、牦牛和藏系羊。不过，财政补贴额度在不同地区和不同畜禽品种上有所差别：中央财政在中西部地区补贴 50%，东部地区 40%，对中央单位补贴 80%。地方财政也会补贴，像奶牛、能繁殖母猪、育肥猪至少补贴 30% 的保费；牦牛、藏系羊省级财政至少补贴 25% 的保费。也就是说，在中西部地区给能繁殖母猪、育肥猪和奶牛买保险，养殖户只用交 20% 保费就可以。

4. 养殖业保险赔偿金额计算。根据养殖产品不同，养殖业保险的理赔处理方法有所不同，具体应参照养殖业保险的合同中的具体规定。一般有固定保额、变动保额及疫病捕杀等赔付方式。

（1）固定保额理赔。比如奶牛保险、能繁母猪保险均按照约定保额执行。因保险责任范围内的事故造成保险奶牛死亡的，按相应档次保险金额的100%赔偿。

每头赔偿金额 = 保险金额/头 × 100%

比如，北京郊区老李按保险金额10000元/头投保了100头奶牛，其中8头奶牛因遭遇疾病死亡，那么按照北京市的奶牛赔偿方法，老李获得的赔款应为10000×8 = 80000元。

（2）变动保额理赔，主要根据养殖期的变化进行理赔，如育肥猪，禽类保险等。比如，山西省育肥猪保险以尸长（耳根至尾根长度）计算赔偿：

每头赔偿金额 = 保险育肥猪尸长区间对应赔偿金额

赔偿金额 = 每头赔偿金额加总求和

例如，山西省老王投保100头育肥猪，其中10头遭遇疾病死亡，这10头猪的尸长为120厘米，对应的每头猪的赔偿金额为450元，则老王获得的赔款为450×10 = 4500元。

再如，北京每只肉鸡的赔偿金额，按周（7天），饲养日龄成本计算赔付。也就是鸡的不同日龄赔付金额不同，如6周 + 1天的每只肉鸡的赔偿金额是23.08元；7周 + 1天的每只肉鸡的赔偿金额是30.00元。

（3）疫病扑杀理赔：按照国家有关规定，经畜牧兽医行政管理部门确认为发生疫情，并且经区（县）级以上政府下封锁令，保险人按照国家规定的扑杀定价，按比例给予被保险人赔偿。比如北京肉鸡，市级财政补偿40%，区（县）级财政补偿40%，保险人补偿20%。

不同地区的赔偿标准不相同，视合同约定为准。

【专家论道】

特色农业保险产品

随着农业保险保障水平的快速提升，对地方优势特色农产品的保障不足也逐渐暴露出来。目前中央财政保费补贴品种由2007 年的种植业 5 个扩大到种养林 3 大类共 16 个品种，如水稻、小麦、糖料作物、油料作物、育肥猪等，基本涵盖了关系国计民生和粮食安全的主要大宗农产品，其中，稻谷、小麦、玉米 3 大主粮作物覆盖面接近 70%。但对于数量相对更多的地方优势特色农产品保险，如肉牛羊、杂粮豆、瓜果、蔬菜、茶叶、药材等，尚未纳入中央财政补贴范围。2019 年 6 月 20 日，财政部发布《关于开展中央财政对地方优势特色农产品保险奖补试点的通知》（以下简称《通知》），提出在内蒙古、山东、湖北、湖南、广西、海南、贵州、陕西、甘肃、新疆等省（自治区）开展中央财政对地方优势特色农产品保险奖补试点。《通知》提出，对纳入试点范围的地方优势特色农产品保险保费，在省级及省级以下财政至少补贴 35% 的基础上，中央财政对中西部地区补贴30%，对东部地区补贴 25%。原则上，对国家扶贫开发工作重点县和集中连片特困地区县，县级财政承担的保费补贴比例不超过 5%。

截至 2018 年底，全国已投保的地方优势特色农产品品种超过200 个，保险机构开发的各类保险产品超过 800 个，只有部分省份出台了省级财政对市县特色农产品保险的以奖代补政策。

资料来源：中国金融新闻网，www. financialnews. com. cn/bx/ch/201907/t20190710_163573. html.

小　结

1. 种植业保险是指以农作物及林木为保险标的，对在生产或初加工过程中发生约定的灾害事故造成的经济损失承担赔偿责任的保险。种植业保险一般分为农作物保险和林木保险两类。

2. 养殖业保险以有生命的动物为保险标的，在投保人支付一定的保费后，对饲养期间遭受保险责任范围内的自然灾害、意外事故和疾病引起的损失给予补偿的一种保险。一般养殖业保险分为畜禽养殖保险和水产养殖保险两大类。

问题五 农业保险怎么保
——农业保险的投保

河北 134 万亩设施蔬菜受灾 九成菜农为何不投保

2015 年 11 月以来，连续雾霾加上风雪天气，共造成河北省 134 万亩设施蔬菜受灾，83 万亩成灾，7.3 万亩绝收，但投保的菜农寥寥无几，不足 10%。

2008 年，《河北省种植业保险保费财政补贴管理办法》出台，并在全省开展农业保险保费财政补贴试点。2012 年以来，河北省陆续把 28 个蔬菜示范县纳入农业保险保费财政补贴试点县。在这些试点县，春秋拱棚保费 250 元可享受 5000 元的风险保障，一般大棚 500 元保费可享受 10000 元风险保障。其中，保费的一半由各级财政交付。即便如此，农户投保率依然很低，这是为什么？

记者了解到，原因有很多，其中之一是赔付低、理赔手续麻烦导致很多农户不愿继续投保。"2014 年我投了保，遭遇雪灾后，保险公司核准损失 17 万多元，可到现在只赔了 5 万多元，还欠着12 万元。"赤城县种菜大户吴在秋介绍，"要保费的时候，上门收。可赔钱时，手续麻烦着呢，来来回回好几趟，等了近三个月，每个棚才赔了几百块钱。到目前已经过去一年了，该赔的钱还没有兑现"。

"时间耗不起，与其听保险公司解释，还不如出去打工。"一位不愿意透露姓名的菜农告诉记者。

固安县蔬菜局工作人员介绍，现行的农业保险政策只保地上物化成本，不包括人力成本，更不保当季收益。政策性保险只保设施，不保蔬菜产量，所以一亩地最多赔数千元。如果算上折损率，赔付更少。普通农户种植面积有限，本来收益就不高，大多不愿意付出保险成本。

资料来源：人民网河北频道，he. people. com. cn/n2/2016/0107/c192235 - 27484862 - 2. html.

【导读】 农业保险对大部分农户来说并不陌生，但是如何投保并不是每个人都非常明白。到哪里购买农业保险？需要准备哪些材料？投保后有哪些注意事项？本章将对农业保险投保的相关问题进行介绍。

一、农业保险的投保前期准备

（一）获取农业保险的相关信息

农业保险投保前，应了解所在地有哪些保险机构在经营农业保险、有哪些农业保险险种，以确定要投保的险种是保险机构的经营品种。详细阅读保险条款和重要明示，确定种植的农作物或养殖的动物符合保险合同的规定。仔细听取保险机构所作的说明，特别是保险费是多少、保险金额是多少，保哪些风险、理赔等问题。确定所投保的农业保险险种是否有补贴，或者其他优惠政策。特别是要搞明白主要的保险条款内容，尤其是注意保险责任、责任免除、保险金额、保费、投保人和被保险人义务等内容。

保险公司一般会通过发放宣传册、集中宣讲、刷写墙体广告等多种方式开展农业保险宣传工作，让农户了解国家支农惠农政策、监管要求以及保险公司产品条款、承保流程操作规范及承保质量要求等内容，做好宣传到户工作。而且，保险公司会在基层引入协助开展农业保险工作的相关人员，一般是由村干部来兼职，投保农户也可以向他们了解农业保险的信息。

（二）单独投保流程

农业大户、龙头企业以及经济合作组织等作为被保险人单独投保的，正规投保程序可分为六个步骤：

1. 投保人填写投保单，向保险公司提出投保农业保险的意愿。

2. 保险公司审核投保人的资料以及查验标的，确定是否该接受投保人的投保意愿。

3. 保险公司决定接受承保，并详细解释农业保险合同条款。

4. 投保人决定投保，并向保险人缴纳足额保费。

5. 保险公司制作农业保险合同和其他必要单证。

6. 投保人签收农业保险合同。

（三）集体投保流程

农业生产经营组织或村民委员会组织投保农户集体投保，具体的投保程序主要有以下几个步骤：

1. 农业生产经营组织或村民委员会认可的协保员把所有统一投保的投保农户的姓名、住址、标的名称、投保面积、投保标的位置，需要交多少保费（包括政府的补贴）等信息，做成一个投保清单。

2. 农业生产经营组织或村民委员会上门收钱（投保农户应交纳的保费），投保农户在投保清单相应栏里签字认可。

3. 保险公司根据保险标的风险状况和分布情况，采用全检或者抽查的方式对保险标的进行实地查验，核查保险标的位置、数量、权属和风险状况。对查验中发现虚假投保，以及不符合投保条件的保险标的，不予承保。

4. 分户投保清单经农业生产经营组织或者村民委员会核对并盖章确认后，以适当方式在村级或农业生产经营组织公共区域（如村委会公告栏、宣传栏等）进行不少于 3 天的公示。如投保农户反馈信息不准确，应在调查确认后据实调整。同时保险公司将公示情况通过拍照、录像等方式留存。

5. 保险公司确认收到农户自缴保费，给农业生产经营组织或村民委员会签发保单，并针对每个投保的投保农户核发保险证，如投保农户想看正式保单的，可以咨询农业生产经营组织或村民委员会。

6. 保险公司采取电话或入户等方式，对被保险人抽取一定比例进行回访，重点核实保险标的权属和数量、自缴保费、告知义务履行以及承保公示等情况。保险公司详细记录回访时间、地点、对象和回访结果等内容，并留存回访录音或走访记录等资料备查。

（四）什么是"五公开、三到户"

中国保险监督管理委员会于 2010 年 5 月 7 日发布的《关于进一步做好 2010 年农业保险工作的通知》中指出，经办机构要进一步完善承保、核保、查勘、定损和理赔流程，做到惠农政策公开、承保情况公开、理赔结果公开、服务标准公开、监管要求公开和承保到户、定损到户、理赔到户。

二、农业保险投保时的注意事项是什么

（一）投保时需要填写的信息

农业保险投保时，投保基本信息包括以下内容：投保人和被

保险人的姓名或者组织名称、身份证号码或统一社会信用代码（组织机构代码）、联系方式、居住地址、标的种类、标的数量、投保险种、保费金额、保险费率、总保费、自缴保费、保险金额、保险期间、用于领取赔款的银行账号/一卡通号码等。

种植业保险还要填写作物名称、地块位置；养殖业保险还要填写饲养方式、饲养品种、养殖地点、动物标识码（能繁母猪、育肥猪、奶牛需有唯一标识码）、胎次（奶牛）、畜龄（奶牛）、品种；森林保险还要填写林木属性（公益林、商品林）、林地位置、林场、林班及权属信息等。

（二）验标的内容

保险公司业务人员采取实地抽查的方式，对投保信息中的标的位置、面积、品种、权属真实性进行核实，即为验标。保险公司应根据保险标的风险状况和分布情况，采用全检或者抽查的方式查验标的，核查保险标的位置、数量、权属和风险状况。条件允许的，保险公司应从当地农业、国土资源、财政等部门或相关机构取得保险标的有关信息，以核对承保信息的真实性。

种植业保险，应查验被保险人土地承包经营权证书或土地承包经营租赁合同。被保险人确实无法提供的，应由相关主管部门出具证明材料。养殖业保险，应查验保险标的存栏数量、防灾防疫、标识佩戴等情况。被保险人为规模养殖场的，应查验经营许可资料。森林保险，应查验林木种类、林木生长状况、森林规模等情况。

保险公司会对标的查验情况进行拍照或视频存档。

（三）投保时需要缴纳的费用

农业保险保费交多少，鉴于农业生产的区域性特点太明显，以及各地经济发展的不平衡，全国没有统一规定。因为农业生产的区域性特征十分明显，各地自然资源、气候条件等情况不同，因此各省的农业保险品种、范围、保费级额度都不一样。具体根据各地农业保险机构和当地财政部门的相关规定而缴纳。

但有一点可以确定，真正需要农户从自己腰包掏出缴纳的保费只占应缴保费的很少一部分，因为农业保险的大部分保费由各级财政（中央财政，省财政，市财政及县财政）缴纳了，各级财政合计保费补贴比例平均达到75% ~ 80%。其中，中央财政占比最大，中央财政保费补贴涵盖种植、养殖、林业等，基本覆盖了主要的大宗农产品。

例如，如果农户种了一亩玉米，那么应该交多少保费，这个与时间和地点有关，假如种植的玉米地位于河南省商丘市，时间是2017年，那么根据当地政府的有关规定，属于享受财政保险补贴范围。2017年，当地玉米每亩保额为329元，税率为6%，农户需要缴纳给保险机构每亩保费20元，其中由中央财政、省财政、市财政、县级财政负责80%，该农户需要承担20%。

（四）投保过程中需确保权益

在投保方面，保险公司和组织投保的单位应确保农户的知情权和自主权，不得欺骗误导农户投保，不得以不正当手段强迫农户投保或限制农户投保。

在承保方面，投保清单在农业生产经营组织或者村民委员会核对并盖章确认后，保险公司应以适当方式在村级或农业生产经营组织公共区域进行不少于3天的公示。

在核保方面，保险公司应确认由投保人或被保险人本人在承保业务单证上签字或盖章，并核对被保险人身份信息、标的信息等。

在收费方面，保险公司应在确认收到农户自交保费后，方可出具保险单，保险单或保险凭证应发放到户。

三、农业保险投保后有哪些注意事项

(一) 参加农业保险，投保人、被保险人的义务

投保人是指和保险公司签合同的人，被保险人是受保险合同保障、享有保险金请求权的人，投保人可以是被保险人。参加农业保险，投保人和被保险人要做到如下三点：第一，投保人应如实回答保险公司人员就保险标的或被保险人相关情况提出的问题，如实填写投保单。如果被保险人故意隐瞒事实，保险公司有权解除合同，一旦发生事故，保险公司不予赔偿，也不退还保险费。如果被保险人因过失未如实告知，并且对保险事故造成严重影响的，保险公司也不负责赔偿，但退还保险费。第二，投保人要一次性交清全部保险费，对于在完全交清保费前发生的保险事故，保险公司不负责赔偿。参加农业保险的投保农户，要认识到这一点，以免造成不必要的损失。第三，被保险人应当积极做好保险标的的田间管理或防灾防损等工作，维护保险标的的安全。

(二) 投保了农业保险后应保存的单据

参加了农业保险后，投保人或被保险人应该保存以下单据：

1. 保险单及保险凭证。保单是双方行使权利和履行义务的依据，只有保单才证明投保人和保险公司之间的合同关系。农业生产经营组织或村民委员会组织农户投保的，每个投保农户将会单独发放保险凭证，正式的保险单在农业生产经营组织或村民委员会保管，投保农户如需查看保险单，可与农业生产经营组织或村民委员会联系。

2. 相关部门出具证明。如兽医部门出具的防疫证明、健康证明、死亡原因证明等，气象、农业技术部门出具的气象或灾害相关证明等。土地农业管理部门的土地权属证或土地流转证明等。

（三）投保周期满时及时续保

一般而言，农业保险期限都在 1 年左右。如果在投保周期已满时，别忘了第二年及时续保以便获得持续的保障。已投保的农户，在下一个保险周期，想要继续投保农业保险，可以拿投保过农业保险的有关凭证比如保险单，到保险公司办理续保手续。对于再次投保的农户，投保的手续将大大简化。

当然，第一年投保但未有理赔经历后第二年便不再续保的现象时有发生，这就需要地区政府和保险公司加强宣传力度，不断强化农户的保险意识。加强农业保险的培训，让农户了解相关要求与作用，是推动农业保险发展的重要工作。

【百姓茶话】

政策性农业保险承保全流程电子化

2019 年 5 月 10 日，北京将全面启动政策性农业保险承保全流程电子化改革试点，为北京广大农户提供便捷高效的农业保险承保服务。

数据显示，北京市于 2007 年 5 月建立政策性农业保险制度，截至 2018 年底，北京市政策性农业保险累计为 171 万户次农户提供风险保障 1993.1 亿元，支付赔款 44.3 亿元，惠农作用显著。但农业保险存在投保手续烦琐、档案资料繁杂重复、业务操作不规范等行业共性问题。

为解决这一难点，在中国银保监会财险部指导下，北京银保监局推动北京保险行业协会、相关保险公司，加强与中国保险信息技术管理有限责任公司合作，先行先试，积极探索开展农业保险承保电子化改革试点。

农业保险承保电子化试点涵盖承保信息采集、标的查验、说明义务履行、承保公示、保单签发、保单批改的承保业务全流程。保险公司通过电子设备直接采集录入农户投保信息和资料，应用卫星遥感和地理信息技术查验标的，使用短信链接和验证码方式履行保险条款说明义务，由全国农业保险信息管理平台认证、生成并发送与纸质保单具有同等法律效力的电子保单。集体投保农户可以登录中国保险信息技术管理有限责任公司的农业保险在线公示系统确认、反馈分户承保公示信息。

北京保险行业协会介绍，保险标的无变化的，续保农户只需对投保信息进行确认，不再反复提供投保资料；农户少跑路，只需反馈一次验证码即可完成投保，不用多次到指定地点签字确认；通过协会、承保公司及中国保信官网，农户可随时随地查询、下载、验真电子保单。

同时，承保电子化取消保单打印、配送、分发等环节，不再留存身份证、银行账户、承包租赁合同等材料复印件，能够有效节省服务资源和成本。承保电子化加强农业保险承保管理和信息系统管控，承保各环节均可追溯、可稽查，确保农户和保险标的信息资料完整准确、业务流程符合逻辑，能够及时全面反映违规风险和隐患。

资料来源：人民网，bj. people. com. cn/n2/2019/0509/c82840 - 32922451. html.

小 结

1. 农业保险可以由农户、农业生产经营组织自行投保，也可以由农业生产经营组织、村民委员会等单位组织农户投保。由农业生产经营组织、村民委员会等单位组织农户投保的，保险机构应当在订立农业保险合同时，制定投保清单，详细列明被保险人的投保信息，并由被保险人签字确认。保险机构应当将承保情况予以公示。

2. 农业保险的投保应注意以下环节：决定投保前，须详细了解保费补贴政策、投保单上的重要提示和保险条款（特别是保险责任、责任免除、被保险人义务等）；同时，投保单必须由投保人亲自填写，集体投保的被保险人要在投保农户清单上签字确认；另外，投保后须妥善保管好保险单和发票。

问题六　农业保险的约定算数吗
——农业保险合同

别让"看不懂"成为农业保险的绊脚石

2014 年中国保险学会发布了《中国农业保险市场需求调查报告》，报告里有几个数字听了让人惊讶：在受访人群中，只有14.61% 的农户能完全看懂保险条款，大多受访农户对农业保险的查勘、定损缺乏清晰的理解。同时，农户不太愿意掏太多钱买保险，87.68% 的农户表示，每年为农作物支付的保费，最多 20 元钱，再多就不愿意了。

农户看不懂保险条款，不应成为农户购买农业保险的制约因素。正式合同文本中的保险条款，往往需要法律意义上的严谨性，可能只有经过法学训练的专业人士才能完全读懂它。不足两成的农户能够读懂，并不奇怪。发展农业保险的关键，不在于有多少农户能够读懂农业保险条款，而在于农户能否认同，以及在多大程度上认同农业保险对自己是有利的，特别是农业风险损失发生后，农业保险能够给农户带来多大程度的补偿。

农业保险条款是专业的，如果有与之相配套的通俗易懂的解读文本，如果还有专业人员用农户的语言给农户进行宣讲，这无疑会帮助农户认同农业保险。我国农业保险的发展与农户的实际需要之间仍然有很大差距，要让农户认同农业保险，积极地将其作为一种风险管理的工具，还需要做大量细致的工作，并结合农户的实际不断创新。

资料来源：央广网，country. cnr. cn/snsp/201409/t20140912_516427115. shtml.

【导读】 农业保险是不是交了钱就可以置之不理了？农业保险合同是投保人与保险公司之间的一种契约，在农业保险生效期内，哪些事情必须做到、哪些事情可能做不到都会在合同中详细说明。作为投保人应该在购买农业保险时，详细阅读保险条款和重要提示，确认种植的农作物或养殖的牲畜符合保险合同的规定，做到心中有数。

一、什么是农业保险合同

农业保险合同是保险人和被保险人根据法律程序规定双方关于享有和承担农业保险具体事项的权利和义务的协议。在农业保险合同中，当事人之间的权利和义务是相互约束的，即保险人只有在被保险人履行支付农业保险费和保险契约所规定的其他义务的情况下保险人才根据合同所规定的保险责任范围对被保险人遭受的农业灾害损失承担补偿责任。农业保险合同是通过保险单的形式订立的。

比如小麦保险合同中约定，因暴雨、洪水、内涝、风灾、雹灾、冻灾、山体滑坡、泥石流、地震直接造成的损失，且损失率超过10%，保险公司就会负责赔偿。这是保护投保人和保险人双方的一个契约，具有同等的约束力。

农业保险合同一般由保险条款、投保单、保险单、保险凭证以及批单组成。根据当事人双方约定，投保人支付保费给保险公司，保险公司在保险标的发生约定的事故时，承担经济补偿责任，或者在约定的条件发生时，履行给付保险金义务。关于投保农业保险的细节农业保险合同都做了详细的规定，包括投保的条件、保险金额、费率和保费、保险责任、保险责任免除、保险期限、保险双方的权利和义务等问题。

农业保险合同其实是保护双方利益的书面契约，它对投保农户和保险公司具有同等的法律约束力。农业保险合同的范本一般由保险公司提供，投保农户在投保前一定要逐条阅读，弄明白保险条款的确切意思，不明白或含糊其词的条款一定要向保险公司问清楚，要充分了解自己的权益，特别是要搞清楚保险公司的赔偿范围。这样才能充分地利用农业保险合同提供的保障作用。目前，农业保险合同在保持合同严谨性的同时，文字使用都追求通俗易懂，一些对应的专有名词在合同后都有专门的解释。

二、农业保险合同中的主体是谁

（一）农业保险合同中的主体

1. 投保人。投保人就是投保保险的人，也就是谁购买保险，交保费。在这里，投保人要与投保主体区分开。在农业保险中，投保主体除了农户、农业生产经营组织自行投保外，还包括农业生产经营组织、村民委员会组织农户投保。

2. 保险人。经营农业保险的机构，通常指保险公司。不同地区开展农业保险的公司各不相同。需要注意的是，保险人并不一定只有保险公司，因为还有一些农业保险合作社、渔业互保协会等机构也经营农业保险，这些机构也是保险人。目前我国农业保险经办机构数量有30多家，全国建成农业保险基层服务网点40万个，基层服务人员近50万人，基本覆盖所有县级行政区域、95%以上的乡镇和50%左右的行政村。还有一点需要提醒的是，在我国不同的地区，开展农业保险的公司有所不同，有的省是一家公司，有的省是几家公司，具体以当地政府相关部门的规定为准。

3. 被保险人。被保险人俗称"保户"，是指受保险合同保障并享有保险金请求权的人。被保险人可以是投保人自己，也可以是投保人以外的第三人。在农业保险中指拥有耕地种植、养殖的农户，只有被保险人才可以获得赔偿。

（二）投保人和被保险人的义务

作为投保人及被保险人，在签订农业保险合同之日起，应履行如下义务：

1. 如实告知。订立保险合同，保险人就保险农作物或者被保险人的有关情况提出询问的，投保人应当如实告知。比如有一田片地，因为河道改造，田地和河边的距离接近了。如果发生洪水，风险会增加，因此要通知保险公司。投保人故意或者因重大过失未履行前款规定的如实告知义务，足以影响保险人决定是否同意承保的，保险人有权解除合同。投保人故意不履行如实告知义务的，保险人对于合同解除前发生的保险事故，不承担赔偿保险金的责任，并不退还保险费。投保人因重大过失未履行如实告知义务，对保险事故的发生有严重影响的，保险人对于合同解除前发生的保险事故，不承担赔偿保险金的责任。保险人向第三者行使代位请求赔偿的权利时，被保险人应当向保险人提供必要的文件和所知道的有关情况。在保险期间内，如出现被保险人名称变更、保险农作物权属变更等，导致保险农作物的危险程度发生变化的，被保险人或受让人应当及时通知保险人，但不得要求解除保险合同。

2. 提供相关证明。转包地、租赁地投保，投保人应当向保险人提供相关单位出具的权益转让证明，并在投保单或投保分户清单上约定保险赔款的支付对象；保险事故发生后，投保人、被保险人按照保险合同请求保险人赔偿时，应当向保险人提供其所能提供的与确认保险事故的性质、原因、损失程度、损失数量等有关的证明和资料。

3. 及时缴纳保险费。除另有约定外，投保人应在保险合同成立时交清保险费。

4. 对保险标的进行管理。被保险人应当遵守国家以及地方有关保险农作物种植管理方面的规定，搞好管理。保险人可以对保险农作物的安全状况进行检查，及时向投保人、被保险人提出消除不安全因素和隐患的书面建议，投保人、被保险人应该认真付诸实施。为维护保险农作物的安全，经被保险人同意，保险人可以采取安全预防措施。

5. 及时通知保险事故。保险事故发生时，投保人尽力采取必要的措施，防止或者减少损失，否则，对因此扩大的损失，保险人不承担赔偿保险金的责任；及时通知保险人，并说明事故发生的原因、经过和损失情况；故意或者因重大过失未及时通知，致使保险事故的性质、原因、损失程度等难以确定的，保险人对无法确定的部分，不承担赔偿保险金的责任，但保险人通过其他途径已经及时知道或者应当及时知道保险事故发生的除外；保护事故现场，允许并且协助保险人进行事故调查。

（三）保险人的义务

作为保险人，在签订保险合同时，应履行如下义务：

1. 确认保险标的的属性。例如，在种植业保险中，按保险合同中的规定审核确认保险农作物的投保面积；在养殖业保险合同中，确定投保数量等。农业保险合同一经生效，保险人不得以保险农作物不符合保险合同的规定条件而解除保险合同或者拒绝赔偿。

2. 履行告知义务。订立农业保险合同时，保险人应当向投保人说明保险条款的内容，保险人向投保人提供的投保单应当附格式条款。对保险合同"责任免除""赔偿处理""投保人、被保险人义务"章节中约定的免除保险人责任的条款，保险人在订立合同时应当在投保单、保险单或者其他保险凭证上作出足以引起投保人注意的提示，并对该条款的内容以书面或者口头形式向投保人作出明确说明；未作提示或者明确说明的保险条款不产生效力。

3. 协助投保人完成保险单据的填写。投保人提出保险要求，经保险人同意承保，保险合同成立。保险合同成立后，保险人应当及时向投保人签发保险单及保险凭证。保险单及保险凭证应当载明当事人双方约定的合同内容。其中，由农业生产经营组织、村民委员会等单位组织农户投保的，保险人应当将保险凭证及时发放到户。保险人应当在订立保险合同时，制定投保分户清单，详细列明被保险人的投保信息，并由被保险人签字确认。保险人应当将承保情况予以公示。

4. 履行保险合同的解除权。保险人在合同订立时已经知道投保人未如实告知的情况的，保险人不得解除保险合同，发生保险事故的，保险人应当承担赔偿责任。保险人所取得的保险合同解除权，自保险人知道有解除事由之日起，超过三十日不行使而消灭，发生保险事故的，保险人应当承担赔偿保险金的责任。在保险期间内，如出现被保险人名称变更、保险农作物权属变更等，导致保险农作物危险程度发生变化的，保险人接到被保险人或受让人的通知后，不得解除保险合同，应当及时为被保险人办理批改手续，保险合同继续有效。

5. 对保险事故及时理赔。保险人接到发生保险事故的通知后，应当及时进行现场查勘，会同被保险人核定保险农作物的受损情况。保险人不得主张对受损的保险农作物残余价值的权利。保险人按照保险合同约定，可以采取抽样方式或者其他方式核定保险农作物的损失程度。采用抽样方式核定损失程度的，应当符合有关部门规定的抽样技术规范。由农业生产经营组织、村民委员会等单位组织农户投保的，保险人应当将查勘定损结果予以公示。保险人应在查勘时向被保险人明确告知应提供的索赔资料或发放索赔资料清单。保险人按照合同的约定，认为有关的证明和资料不完整的，应当及时一次性通知投保人、被保险人补充提供。其中，由农业生产经营组织、村民委员会等单位组织农户投保的，理赔分户清单应当由被保险人签字确认，保险人应当将理赔结果予以公示。保险人收到被保险人赔偿保险金的请求后，应当及时作出是否属于保险责任的核定；情形复杂的，应当在 30 日内作出核定。保险人应当将核定结果通知被保险人。对属于保险责任的，在与被保险人达成赔偿保险金的协议后 10 日内，将应赔偿的保险金支付给被保险人。对于以农业生产经营组织、村民委员会等单位组织农户投保的，应当按照理赔分户清单直赔到户。对不属于保险责任的，应当自作出核定之日起 3 日内向被保险人发出拒绝赔偿保险金通知书，并说明理由。保险人自收到赔偿保险金的请求和有关证明、资料之日起 60 日内，对其赔偿保险金的数额不能确定的，应当根据已有证明和资料可以确定的数额先予支付；保险人最终确定赔偿保险金的数额后，应当支付相应的差额。

三、农业保险合同中的标的是什么

（一）保险标的

保险标的亦称"保险对象""保险项目""保险保障的对象"。它是依据保险合同双方当事人要求确定的。通俗地说，保险标的就是投保人通过购买保险所保障的对象。

（二）农业保险中的保险标的内容

在农业保险合同中，保险标的就是投保人想给买保险的那些农作物或牲畜家禽等，比如水稻、小麦、玉米、生猪、奶牛等，如果投保人为这些产品购买了农业保险，那么这些产品就成了相应的保险标的。

在种植险保险合同中，会明确哪些农作物在承保范围以内，如果注明了玉米、小麦、马铃薯、大豆、油料作物（葵花、油菜等）、甜菜、水稻、棉花这些农作物，就是保险合同的保险标的，投保人应给这些保险农作物全部投保，不允许选择投保。当然，作为保险标的，还要满足一定条件，比如说，应符合当地种植技术操作规程，出苗正常；规模经营农户、农业生产经营组织的种植面积有相关部门出具的材料证明。在保险合同中，对于不符合条件的农作物，比如说，种植于河滩地、警戒水位线以下地区及蓄洪、行洪、滞洪区内；与保险农作物间种或套种的非保险农作物，不属于保险标的，不在保险合同的承保范围内。

在养殖业保险合同中，以奶牛养殖险为例，对保险标的要求一般包括：该品种在当地饲养的年份；奶牛的年龄；养殖场地及设施符合卫生防疫规范，位于非传染病疫区，且在当地洪水水位线以上的非蓄洪、非行洪区；具有能识别身份的统一标识；经畜牧兽医部门验明无伤残，无本保险责任范围内的疾病，营养良好，饲养管理正常，按免疫程序接种并有记录，经保险人和畜牧管理部门验体合格。

四、农业保险合同中的单证是什么

（一）投保单

投保单亦称"要保单"或"投保申请书"，是投保人申请保险的一种书面形式。通常由保险人提供，由投保人填明订立保险单所需要的项目。项目主要包括被保险人姓名或单位名称和地址、保险标的坐落地点、投保险种、保险金额、保险期限、保险费率等。填写投保单必须情况真实，否则将影响保险合同的效力。投保单一经保险人正式接受，保险责任即行开始。倘若在保险单签订之前，保险标的已遭损失，保险人也应按照签订的保险单的规定进行赔偿。

填写投保单时注意各项信息须完整填写，如姓名、出生日期等，证件号码须和有效身份证明文件一致。尤为重要的是，投保人及被保险人应如实回答投保单上所提的问题，必要时应在投保单备注栏中说明详情或提供相关的书面材料。如果投保人没有如实告知，发生保险事故时，可能得不到保险公司的赔付，保险公司也有权解除保险合同。另外，要亲笔签名。填写完毕后，还应对投保单内容进行复核，确认真实完整，并应亲笔签名确认。投保人、被保险人切勿在空白或未填写完整的投保单上签字。

（二）暂保单

暂保单又称"临时保险书"，是保险单或保险凭证签发之前，保险人发出的临时单证。暂保单的内容较为简单，仅表明投保人已经办理了保险手续，并等待保险人出立正式保险单。暂保单的作用是证明保险公司已经同意接受投保人的投保要求。暂保单的内容一般只写明被保险人的姓名、承保保险的种类、保险标的等重要事项，在暂保单中没有列明的，应以正式保险单的内容为准。暂保单具有和正式保险单同等的法律效力，但一般暂保单的有效期不长，通常不超过30天。当正式保险单出立后，暂保单就自动失效。如果保险人最后考虑不出保险单时，也可以终止暂保单的效力，但必须提前通知投保人。

（三）保险单

保险单简称"保单"。保险人与投保人签订保险合同的书面证明。根据我国《保险法》规定，保险合同成立与否并不取决于保险单的签发，只要投保人和保险人就合同的条款协商一致，保险合同就成立，即使尚未签发保险单，保险人也应负赔偿责任。保险合同双方当事人在合同中约定以出立保险单为合同生效条件的除外。保险单必须明确、完整地记载有关保险双方的权利义务，保单上主要载有保险人和被保险人的名称、保险标的、保险金额、保险费、保险期限、赔偿或给付的责任范围以及其他规定事项。保险单根据投保人的申请，由保险人签署，交由被保险人收执，保险单是被保险人在保险标的遭受意外事故而发生损失时，向保险人索赔的主要凭证，同时也是保险人收取保险费的依据。

在购买农业保险后，保单是保险合同双方确定权利、义务和索赔理赔的主要依据，只有保单才能证明投保人和保险公司之间的合同关系。由于有的地方农业保险合同是村民委员会同保险公司签订的，这个保单就在村民委员会的手里。投保农户只是在"分户清单"中自家那一行签字。但是如果要看保单，可以到村民委员会去看，这是投保户的权利。

（四）保险凭证

保险凭证又称"小保单"，是指保险合同生效成立的证明文件，即简化的保险单。保险凭证上通常不列明保险合同条款，与保险单具有同等效力。在保险凭证中列有条款时，若正式保单内容与其冲突，则以保险凭证为准。保险凭证，实质上是一种简化的保险单，具有与保险合同同等的法律效力。好多保险公司在与村委会签订保险单的同时，也给各投保农户打印一张小纸片，上面写上投保人、被保险人、保险作物、面积、保险金额、保险期限，交了多少保费，政府补贴了多少保费等，这张纸片就是保险凭证。

（五）批单

批单亦称"批改单"或"背书"，是指为变更保险合同的内容，保险人所出立的补充书面证明。保险单出立后，在合同有效期内，保险人和被保险人均有权通过协议更改保险合同的内容。通常提出批单要求的多是被保险一方。对于变更保险合同的任何协议，如更改险别、户名、地址、运输工具的名称、保险期限、保险金额，转让保险权益等，均需保险人出立批单。批单可以是在原保险单或保险凭证上批注，也可以另外出立一张变更合同内容的单证。保险单经过批注的事项，以批单所规定内容为准。

批单对大多数投保农户来说可能没有听说过，也没见过，但有些单独签合同的种植大户或者饲养场的所有者、经营者，有可能会遇到。当投保人签了保险合同之后，比如说，一个已经投保了500亩玉米保险的农户，现在因为又从别的农户手里流转来200亩地，这200亩地原来没有买保险，现在要加进原来的保险合同，要通过"批单"来实现。

（六）投保分户清单

在农业保险中，如果是农业生产经营组织或村民委员会组织农户投保的，应制作分户投保清单，详细列明被保险人及保险标的信息。投保分户清单在农业生产经营组织或者村民委员会核对并盖章确认后，保险公司应以适当方式在村级或农业生产经营组织公共区域进行不少于3天的公示。如农户提出异议，应在调查确认后据实调整。确认无误后，应将投保分户清单录入业务系统。

国内首张农业保险电子保单在上海诞生

2018年3月6日，由安信农业保险签发的一份保淡绿叶菜综合成本价格保险保单成为全国首张农业保险电子保单。保单显示的投保人、被保人均为上海百欧欢农产品有限公司，保险标的为青菜和杭白菜，总保费2514.4元，保险金额为25144元。本次农业保险电子保单制度的推出是上海保险业创新服务、助力实体经济发展的最新一次有益尝试。

农业保险电子保单试点主要包括电子保单、电子批单及电子保险凭证等，试点范围涵盖享受财政保费补贴的所有种植业保险和养殖业保险（不含林业、农机、渔船）。农业保险电子保单的内容和格式与纸质保单保持一致，具有同等法律效力。

相较于传统纸质保单，农业保险电子保单将主要带来以下五个环节的变化：一是在投保环节，将农户手机号码作为必填项加以采集，方便农业保险电子保单有关信息的推送；二是在发送环节，以电子保单取代纸质保单；三是在公示环节，实现电子公示；四是在查询环节，实现投保农户对其名下所有农业保险保单的自主查询；五是在审计检查环节，检查单证由纸质保单调整为电子保单，支持批量查询。

资料来源：国内首张农业保险电子保单在上海诞生［N］.中国保险报，2018-03-06.

五、农业保险合同中的费用有哪些

（一）保险金额

1. 保险价值内涵。保险价值又称为保险价额，是指保险标的在某一特定时期内以金钱估计的价值总额，是确定保险金额和确定损失赔偿的计算基础。投保人与保险人订立保险合同时，作为确定保险金额基础的保险标的的价值，也即投保人对保险标的所享有的保险利益在经济上用货币估计的价值额。比如说，一亩小麦能产 500 千克，如果 1 千克是 2 元，500 千克就是 1000 元。这 1000 元就可以是一亩小麦的保险价值。当然，投保时确定的保险金额不会达到 1000 元。

2. 保险金额内涵。保险金额是指一个保险合同项下保险公司承担赔偿或给付保险金责任的最高限额，即投保人对保险标的的实际投保金额；同时又是保险公司收取保险费的计算基础。在农业保险合同中，对保险价值的估价和确定直接影响保险金额的大小。比如一亩水稻的保险价值可以达到 1500 元，但是成本保险的保险金额一般只有 800 ~ 1000 元。保险金额涉及保险人和投保人之间的权利和义务关系。

3. 保险金额计算。农业保险主要采取以下方式来确定保险金额：

（1）保成本。根据各地同类标的的平均投入成本作为计算保险金额的依据，主要适用于生长期农作物保险、森林保险和水产养殖保险。若保险标的全部损失，保险公司按照保险金额赔付；若保险标的部分损失，赔付被保险人实际收益与保险金额之间的差额。

（2）保产量。根据各地同类标的产量的一定成数作为保险金额，主要适用于农作物保险、林木保险和水产养殖保险。

（3）估价。由投保人和保险公司经过协商确定投保标的的保险金额，主要适用于大牲畜保险，估价中要考虑到投保牲畜的年龄、用途、价值等，实际保额为估价的一定成数。

在实际中，种植业保险合同的保险金额依据保险农作物生长期内所发生的直接物化成本确定，包括种子、化肥、农药、灌溉、机耕和地膜成本。养殖业保险金额，按照投保个体的生理价值确定。森林保险金额按照林木损失后的再植成本确定。

【百姓茶话】

中国开展三大粮食作物完全成本保险和收入保险试点

2018 年 8 月，中国财政部、农业农村部、银保监会印发了《关于开展三大粮食作物完全成本保险和收入保险试点工作的通知》，从 2018 年开始，用 3 年时间，在 6 个省份，每个省份选择 4 个产粮大县，面向规模经营农户和小农户，开展创新和完善农业保险政策试点，推动农业保险保障水平覆盖全部农业生产成本，或开展收入保险。试点保险标的为关系国计民生和粮食安全的水稻、小麦、玉米三大主粮作物。

试点保险品种为完全成本保险和收入保险。完全成本保险即保险金额覆盖物质与服务费用、人工成本和土地成本等农业生产总成本的农业保险。收入保险即保险金额体现农产品价格和产量，覆盖农业生产产值的农业保险。保障对象为全体农户，既包括规模经营农户，也包括小农户。与现行农业保险主要保障物化成本不同，完全成本保险保障内容隐含了土地、劳动等生产要素（农作物成本、服务费用、人工成本和土地成本等）的平均价格，体现了农户的物权收益和劳动力收益，是一种准收入性质的保险。能够让广大的投保农户在受到暴雨、洪水（政府行蓄洪除外）、内涝、风灾、雹灾、冻灾、旱灾、地震、高温热害、低温冷害、泥石流、山体滑坡、病虫草鼠害等影响导致的农业生产损失得到有效的保障。开展三大粮食作物完全成本保险和收入保险试点，是农业保险服务高质量发展的具体举措，对推动农业保险转型升级，进一步提高农业生产的抗风险能力，切实调动农户种粮积极性具有重要的现实意义。

资料来源：财政部网站，www. jrs. mof. gov. cn/zhengwuxinxi/zhengcejiedu/201808/t20180831_3004020. html.

(二) 保险费

1. 保险费内涵。保险费是投保人为转移风险、取得保险人在约定责任范围内所承担的赔偿（或给付）责任而交付的费用，也是保险人为承担约定的保险责任而向投保人收取的费用。保险费是建立保险基金的主要来源，也是保险人履行义务的经济基础。农业保险费率就是农业保险产品的价格。农业保险费率是保险公司依据投保标的的风险大小、保险责任、当地保险责任灾害损失率为主要依据来确定，并报保险监管机构批准后实行。

2. 保险费计算。计算保险费的影响因素有保险金额、保险费率及投保面积，即：

保险费 = 单位保险金额 × 保险费率 × 投保面积

以上三个因素均与保险费成正比关系，即保险金额越大，保险费率越高，或投保面积越长，则应缴纳的保险费就越多。其中任何一个因素的变化，都会引起保险费的增减变动。保险金额单位一般为 1000 元或 100 元，所以保险费率通常用千分率或百分率来表示。

例如，山东省小麦保险费率为 5%，保险金额为每亩 375 元。小麦种植农户老王要给自己的 30 亩小麦投保，那么老王需要向保险公司支付的 30 亩小麦保险的保险费计算方法如下：

保险费 = 保险金额（375 元/亩）×保险费率（5%）×保险面积（30 亩）= 562. 5 元，但是，因为政府补贴 80% 的保险费，老王只需要支付其中的 20%，那就是 562. 5 元×20% = 112. 5 元。其余 450 元的保险费由中央和地方政府替老王交了。

(三) 免赔率

在保险合同中，还要注意免赔条款的相关规定。所谓免赔，就是一部分保险公司不赔，投保人和保险人自己承担的。为什么要设立免赔？这是考虑到起赔点和免赔率。免赔率是免除的一部分。水产品保险中，每次事故的绝对免赔率为15%，如果损失在15%以内，保险公司就不赔了；超过15%，保险公司赔付扣减15%的赔偿责任。这是国际和国内保险业的通行做法。考虑到轻微灾害和被保险人管理不善等原因都有可能使保险标的在生产过程中受到损失，但对被保险人收回成本并不影响。它兼顾了保险公司和投保农户共同的利益。

在保险中，绝对免赔额是指免赔额内的损失均由被保险人自己承担，保险人只承担超过免赔额之上且在赔偿限额之内的赔偿金额。农业保险是国家推出的一项惠农政策。农业受气候灾害、地质灾害、病虫害等影响很大，通过购买保险，农户能在受到灾害影响后，获得保险公司的理赔，从而将农业损失降到最低。农业保险中的绝对免赔额就是指比如购买的小麦保险，最高赔偿额是300元/亩，保险公司设置的绝对免赔额为30元（10%），那么如果发生了灾害，投保人的损失在30元以内，保险公司不予赔偿。只有在发生灾害后的损失在30元以上300元以下的部分，保险公司才会赔偿。取消绝对免赔额后，意味着花同样的保费，能够得到更高的赔偿。

2016年8月，农业部、财政部和保监会联合发布《关于进一步完善中央财政保费补贴型农业保险产品条款拟订工作的通知》，要求农业保险提供机构对种植业保险及能繁母猪、生猪、奶牛等按头（只）保险的大牲畜保险条款中不得设置绝对免赔。同时，要依据不同品种的风险状况及民政部门、农业部门的相关规定，科学合理地设置相对免赔。

六、农业保险合同中的责任有哪些

（一）保险责任

保险责任是指保险合同中约定由保险人承担的危险范围，在保险事故发生时所负的赔偿责任，包括损害赔偿、责任赔偿、保险金给付、施救费用、救助费用、诉讼费用等。被保险人签订保险合同并交付保险费后，保险合同条款中规定的责任范围，即成为保险人承担的责任。

不同的保险合同对保险责任有不同的规定，投保农户应该了解自己所投保的农业保险合同中，保险公司要承担的保险责任。一般而言，农业保险合同中规定的保险责任都是一些不可抗拒的自然灾害和意外事故。对于价格保险或收入保险，保险责任还包括市场价格下跌造成的损失。在种植业保险合同中，会具体注明，在保险期间内哪种情况下发生的损失会给予赔偿，例如暴雨、洪水（政府行蓄洪除外）、内涝、风灾、雹灾、冻灾、旱灾、地震等自然灾害，泥石流、山体滑坡等意外事故，病虫草鼠害，造成保险农作物直接物质损坏或损失，且损失程度达到合同约定的起赔点，保险人负赔偿责任。在养殖业保险合同中，会列出导致保险标的死亡的哪些原因保险人负赔偿责任，具体到何种重大病害、自然灾害、意外事故以及发生高传染性疫病，政府实施强制扑杀。

随着农业保险的不断成熟，保险责任的范围也在不断地调整和扩大。像价格保险或者收入保险等产品，扩展了农产品价格波动带来的损失。因此，不同的农业保险险种对于保险责任的规定是不一样的，投保农户一定要仔细阅读和了解保险合同中的保险责任条款。

（二）责任免除

每一个保险合同除了列明保险公司承担的保险保障责任之外，还要约定保险公司不承担的责任，不承担的责任就叫"除外责任"或者"责任免除"。除外责任是指保险标的的损失属于指明保险公司不承认责任的范围，对于列明的除外责任，保险公司不承担赔偿责任。对保险公司来说，除了正面规定其应当承担的责任以外，还明确规定了不应承担的责任，其目的就是要使保险公司承担责任的范围更为明确，防止合同纠纷。不同的保险合同对除外责任都有不同的规定，投保农户应该了解清楚自己所投保的农业保险合同中关于除外责任的说明，以免在保险标的出现损失时双方当事人意见或认识不一致。

一般而言，农业保险的除外责任主要包括政治风险、行为风险中的道德风险和管理风险引致的损失。例如，种植业保险合同中会列出保险人不负责赔偿的具体情况：投保人及其家庭成员、被保险人及其家庭成员、投保人或被保险人雇用人员的故意行为、重大过失行为；行政行为或执法行为；放射性污染、大气污染、土地污染、水污染等外部环境污染事故。同时，因种子、化肥、农药等质量问题导致的损失，发生保险责任范围内的损失后，在保险人查勘前，被保险人自行毁掉或放弃保险农作物，种植或改种其他作物导致的损失以及其他不属于本保险责任范围内的损失和费用均不在赔偿范围之内。

七、农业保险合同如何变更

（一）保险合同的稳定性原则

农业保险合同与货物运输保险合同、运输工具航程保险合同相似，其风险在时间和空间上具有集中性。《保险法》第五十条规定："货物运输保险合同和运输工具航程保险合同，保险责任开始后，合同当事人不得解除合同。"而农业风险鲜明的季节性特点（农作物的生长周期具有季节性，灾害的发生也具有季节性、集中性）使得投保人、保险人可能利用合同解除权进行逆向选择，为了避免此类道德风险，《农业保险条例》第十一条规定："在农业保险合同有效期内，合同当事人不得因保险标的的危险程度发生变化增加保险费或者解除农业保险合同。"

但是，保险公司在保险标的发生转让后危险程度增加、投保人故意未履行如实告知义务，足以影响保险人决定是否同意承保或者提高保险费率以及投保人因重大过失未履行如实告知义务，足以影响保险人决定是否同意承保或者提高保险费率条件下可以解除保险合同。

（二）保险合同的变更

农业保险合同签订之后，在执行过程中是可以变更的。依照我国《保险法》的规定，在保险合同有效期内，投保人和保险人经协商同意，可以变更保险合同的有关内容。一般来说，农业保险合同中的保险费率、保险金额、投保数量、保险期限、种植地点或养殖场所等内容可以发生变更。

如果已经签订的农业保险合同需要变更，投保农户可以在保险有效期内及时通知保险公司，与保险公司共同协商有关合同变更的细节，合同内容的变更一定要经过保险公司出具批单才能发生效力。

小 结

1. 农业保险是一种合同行为，买保险和将来遇到灾害发生损失时向保险公司索赔，都要根据保险合同，所以读懂保险合同很重要。

2. 农业保险合同一般由保险条款、投保单、保险单、保险凭证以及批单组成。根据当事人双方约定，投保人支付保费给保险公司，保险公司在保险标的发生约定的事故时，承担经济补偿责任，或者在约定的条件发生时，履行给付保险金义务。

3. 关于投保农业保险的细节在农业保险合同中都做了详细的规定，包括投保的条件、保险金额、保险费率和保费、保险责任、保险责任免除、保险期限、保险双方的权利和义务等。

问题七　农业保险怎么赔
——农业保险的理赔

农业保险避免理赔难

2016 年 6 月下旬，江苏省南京市溧水区和凤镇种粮大户沈金水的 2000 多亩水田插秧基本结束，不过他一点也没感到轻松。今年他种的小麦因赤霉病和连续阴雨，亩产不到 300 斤，还全是等外麦。这些麦子还都在仓库里，经纪人开出的价格是每斤 7 角多。不算土地流转费，按照这个价格，老沈种的这一季小麦每亩亏损近 300 元。按照土地流转协议，6 月底应该交流转费了，总共是 160 多万元，可是老沈实在凑不齐这笔钱。

除了尽快把麦子卖掉，老沈想到或许可以从保险公司那里获得一些赔付。他流转的 2000 多亩耕地中，有 1700 亩参加了农业保险的。麦子快收时他报了险，保险公司和农业部门的技术人员来看了；麦子收获时他又请有关人员察看了受损情况。6 月 27 日，保险公司答复说每亩大概只能赔付二三十元。这让老沈十分失望。

中国人民财产保险公司负责和凤镇农业保险赔付的张姓工作人员说，如果夏粮损失严重，每亩可赔付 100 元左右；损失较轻的，只能赔付二三十元。"农业保险保的是物化成本，就是种子、农药、化肥等成本。"他说，至于老沈的麦子出现质量问题、价格卖不上去，这不属于赔付范围。

跟老沈一样遇到保险理赔困惑的农户不在少数。溧阳市农林局植保站副站长史志刚说，他今年参与过100多个种粮大户小麦理赔定损，具体负责病虫害造成的损失鉴定。鉴定过程中，会选取不同田块的麦穗，对每个麦穗进行产量分级，然后得出平均受损数额。产量减少10%的为一级，二级为减产20%，以下级别依此类推，最高的十级即完全绝收，保险赔付为每亩400元。他参与的定损田块基本上减产20%～30%，赔付标准每亩80～120元。但是，由于定损是在某一时段，确实不能代表最后收获时的产量。他认为，最后理赔时，应该按照农户实际损失赔付。

问题是，怎么确定农户实际损失是多少呢？史志刚认为，应该有一个比较专业的中介机构定损并确定赔付金额。农业保险不同于普通商业保险，查勘理赔很复杂，很多农村地处偏远，而且点多面广，一旦出现灾情，想要一家一户地核灾定损，工作量是巨大的；如果没有足够的人员和经费，没有专业和负责的协保员，很可能出现农户不认同赔付数额的问题。

资料来源：朱新法. 农业保险岂能参保容易理赔难 [N]. 粮油市场报，2016－07－05（A01）.

【导读】 农业保险的核心就是理赔，投保农业保险的最终目的是遭受损失时，可以获得保险赔偿。如何让理赔公平公正，关系到农业保险业务能否持续、健康发展。万一遇到灾害遭受了损失，需要做的事情很多，应该如何做才能最大限度地获得保障、降低损失？通过本章了解关于农业保险的理赔的相关内容。

一、农业保险理赔的基本流程是什么

2015年3月中国保险业监督管理委员会出台《农业保险承保

理赔管理暂行办法》，首次对保险公司承保、理赔、协办和内控等关键环节确立规范，对农业保险的理赔管理工作做了十分明确且细节化的要求，从最初的接受报案、定损到最后的理赔，每一个流程都有相应的要求，确保支付到户且真实有效。按照文件要求，农业保险理赔主要包括报案、查勘定损、立案、理赔公示、核赔、赔款支付六个环节。

当然，不同类型农业保险的理赔流程也略有所不同。其中：种植业理赔的受灾户先向村干部或乡农业窗口报案，乡再向保险公司报案；乡农业人员和村干部到受灾户中留存受灾种植业的影像资料，收取身份证和信用社一卡通号；分村公示，留存影像资料；公示无异后，乡农业人员分村整理资料交保险公司。养殖业理赔中养殖户先向村干部或乡农业窗口报案，乡再向保险公司报案，乡农业人员和村干部到养殖户中留存死亡的育肥猪或能繁猪的影像资料，收取身份证和信用社一卡通号；受灾养殖户填表，村、乡盖章后交保险公司。

二、保险标的受灾后，农户应该怎么办

一旦受灾后，投保农户首先要做的就是积极抢救，采取有效措施去预防灾害和减少损失。这主要由于：并不是所有的灾害都会得到赔偿。首先，农业保险合同里已经明确规定不属于农业保险责任范围内的损失和费用不予以赔偿，这方面损失只能农户自己承担。其次，农业保险的保险金额不能完全弥补灾害损失。目前，农业保险一般实行的是初始成本保险，而不是收入保险。即使发生全损，保险机构赔偿的金额也只够物化成本，其他的部分还是农户自己承担。最后，在灾难发生时，投保人有义务尽力采取必要的措施，防止或者减少损失，否则，对因此扩大的损失，

保险公司不承担赔偿保险金的责任。

农业保险投保人要及时向保险公司报案。报案的方式有两种：第一种是直接拨打保险公司报案电话或当地保险公司电话，报告受灾基本情况。保险公司都开通了 24 小时热线电话，方便投保农户随时拨打报案电话。第二种是到行政村农业保险服务点或者乡镇农业保险服务站直接报案。保险公司村级协保员对损失进行现场初审，不构成保险责任的，向农户做好解释工作。对可能构成保险责任的在 24 小时内报保险公司服务专线，同时应保护好标的物。接到报案电话后，投保农户要积极配合，如实告知受损作物种类或牲畜品种，受灾的地点和原因以及大致受灾的数量和损失程度。需要提醒的是，如果投保人故意或者因重大过失未及时通知，致使保险事故的性质、原因、损失程度等难以确定的，保险人对无法确定的部分，不承担赔偿保险金的责任。保险公司接报案工作人员会详细记录出险时间、地点、原因、损失数量等信息，并会在 24 小时内安排理赔人员或协保员进行首次现场查勘。

如果遇到了畜禽发病、死亡后也要及时向保险公司报案，并配合保险公司工作人员进行现场查勘，需要注意的是，未经保险公司同意，不要擅自处理死亡的畜禽。因为保险公司规定将无害化处理作为理赔的前提条件，不能确认无害化处理的，不予理赔。投保农户要配合保险公司理赔人员依照国家规定对病死畜禽进行无害化处理，并按照要求进行拍摄取证，畜牧主管部门或无害化处理厂根据畜禽处理情况出具《无害化处理证明》。

另外，保险事故发生后，投保人、被保险人应当向保险人提供其所能提供的与确认保险事故的性质、原因、损失程度、损失数量等有关的证明和资料，用于向保险公司申请赔偿，每一种农业保险所需要的单据是不一样的，投保农户可具体参照相应农业

保险合同的规定来准备索赔材料。一般来说，被保险人索赔时需
提供以下单证资料：被保险人身份证号（养殖险的须复印件）；被
保险人开户银行及账号；出险及索赔通知书；损失清单；保险单
抄件（保险卡）；事故的灾害证明。因为我国很多地区农户都是通
过村民委员会投保的，所以，一般在向保险公司索赔时，都由负
责投保的村民委员会主任或者会计提供所需要的单据，这些单据
都由他们保管，农户手里只有一张保险凭证。当然在需要时，这
张保险凭证也是可以用来索赔的。

三、保险公司如何查勘

查勘就是保险公司接到报案后，组织相关农业技术专家或者
畜牧兽医人员，与受灾农户（代表）一起进行灾害的调查、核对
等工作，对事故原因进行分析和鉴定，正确区分灾害造成的损失
是否在保险责任范围内，并对灾害造成损失的数量与程度进行核
定。对于边远受损农户、分散受损农户，县（市、区）保险公司
不能及时到达现场，应及时委托乡镇政府保险专（兼）干及时查
勘现场，保险公司做好复查工作。

保险公司查勘定损的程序主要包括：接到投保人或被保险人
的报案通知；组织相关人员到达灾害现场；灾害现场勘查，确定
灾害是否属于保险责任范围；确定灾害损失数量与损失程度，以
作为最终理赔的依据。

为了加快保险公司理赔进度，帮助农户及时再生产，银保监
会对保险公司的理赔时效做出了明确的规定：种植业保险发生保
险事故造成绝收的，应在接到报案后 20 日内完成损失核定；造成
部分损失的，应在农作物收获后 20 日内完成损失核定。养殖业保
险应在接到报案后 3 日内完成损失核定。对于不属于保险责任的，

保险公司应在核定之日起 3 日内向被保险人发出拒赔通知书，并做好解释说明工作。

另外，为了保障最终理赔结果的公平公正，维护广大投保农户的利益，现场查勘一般要求多方人员进行共同定损。主要组成人员由三方构成：一是保险公司专业的理赔人员；二是政府农业有关部门专家或农业服务机构相关技术人员；三是专业的核灾定损员。也可能还涉及龙头企业村组、协会、合作社等相关人员，这要看各个地方的具体操作办法和灾害损失情况。

【百姓茶话】

农业保险怎么赔大数据说了算

2 分钟时间，一架无人机升上 500 米高空，拍下一块农田的俯瞰图；与此同时，在手持平板电脑上一番勾点，就能迅速算出这一块农田上的作物损失。

2019 年 1 月 22 日，沙洋县水稻完全成本保险工作启动现场，太平洋财产保险公司展示了该公司"e 农业保险"的新技术应用。这种无人机航拍与互联网大数据等相结合的新技术，正越来越多地应用到湖北省农业保险的承保与理赔环节中。

长期以来，农业保险存在着保险标的数据不准确、查勘理赔费时费力效率低、赔款到位周期长等问题的困扰。而随着互联网大数据、遥感技术、无人机等工具的应用，农业保险的痛点开始得到破解。理赔时，不需要繁杂的现场勘查，只需要无人机或遥感卫星进行航拍，即可得到精确的受损照片，系统可辨认受损面积及受损程度。

2018 年，一场严重的暴雪冰冻灾害使得武汉市黄陂区温室大棚大面积倒塌，农作物受灾严重。太平洋财险公司通过无人机、互联网大数据手段，在 3 天内就将 24 户 3534.2 亩受损蔬菜大棚查勘定损完毕，一周内就将赔款支付给农户。

资料来源：湖北日报多媒体版，hbrb. cnhubei. com/html/hbrb/20190125/hbrb3313952. html.

四、农业保险理赔如何定损

（一）农业保险理赔定损的依据

保险理赔中，一个很重要的环节就是定损。那么在农业保险理赔的过程中，有没有机制保障定损的公正，同时又防止骗保的情形发生。

农业保险事故发生后，保险标的受损面常常较广，不可能采取逐一定损的方式，因此，《农业保险条例》第十二条规定："保险机构接到发生保险事故的通知后，应当及时进行现场查勘，会同被保险人核定保险标的的受损情况。""保险机构按照农业保险合同约定，可以采取抽样方式或者其他方式核定保险标的的损失程度。采用抽样方式核定损失程度的，应当符合有关部门规定的抽样技术规范。"

（二）农业保险定损工作

农业保险的定损工作主要是通过逐村（场、户）查单据、查现场、查情况，查对损失标的等步骤完成。种植业保险定损是在首次现场查勘的基础上进行复勘定损，严格按照各险种条款规定和相关文件，首先对受灾农作物的面积进行计算。面积确定后，再对农作物的受损程度进行定损。还要区分一下农作物的生长期，因为农作物在不同的生长期，农户的投入会不一样。定损理赔时，要考虑到农户的物化成本。通过科学的抽样测算，核定损失程度，定损到每个受灾农户。养殖业保险确定损失须按保险标的头数的保险金额确定损失，并做好证人、证据的笔录。

现场定损过程中，农作物损失程度和损失面积是最重要的内容，因为这两项直接关系到最终赔偿的金额。现场定损完成后，保险公司人员会以查勘定损报告或定损协议等形式，就定损结果与农户认识达成一致。农户对定损结果进行确认，是保险公司定损必须进行的一个环节。其间，双方若对损失面积和程度有异议，可进行协商。一般来说，定损查勘结果会由农户签字确认。为了确保定损的公正性，保险公司定损时，必须有保险公司定损员、村委会负责人和农户三方都在场。因农业险定损技术含量较高，保险公司人员在损失程度、损失面积精确测量等方面若有拿不准的情况，会聘请农业专家等第三方帮助定损。但现场定损结果并不完全是最终赔偿结果。现场定损结束后，还需经过核损程序，核损人员将对现场照片、数据、被保人信息等情况进行核查，确定最终赔偿数额。

（三）农业保险的定损计算

1. 种植业保险定损的计算。按出险时保险农作物所处的生长期对应赔偿比例确定赔偿金额，发生全部损失经一次性赔付后，保险责任自行终止。保险农作物不同生长期对应赔偿比例也有所不同。赔偿金额计算公式如下：赔款金额＝单位保险金额×绝收面积×出险时保险农作物所处的生长期对应赔偿比例。

保险农作物发生保险责任范围内的损失，损失程度在80%（包含80%）以上的，即视为全部损失。保险农作物发生保险责任范围内的部分损失，保险人按以下方式计算赔偿：按照国家计灾标准起赔，暴雨、洪水（政府行蓄洪除外）、内涝、风灾、雹灾损失程度在20%以下（含20%）的，旱灾、冻灾、病虫草鼠害、泥石流、地震、山体滑坡等损失程度在30%以下（含30%）的，保险人不予赔偿。损失程度在 20% 以上（或 30% 以上）至 100% 的，损失按以下公式计算赔偿：赔款金额＝单位保险金额×损失程度×成灾面积 。

2. 养殖业保险定损的计算。保险责任范围内的损失，保险人按以下方式计算赔偿：因重大病害、自然灾害以及意外事故死亡的，按照个体保险标的出险时的市场价值，即尸体重量和出险时当地市场收购价格计算赔偿，但一般会规定最高市场价值限额。出险时的市场价值高于限额时，按照最高限额赔偿；出险时的市场价值低于限额时，按照出险时的市场实际价值给予赔偿。当发生高传染性疫病政府实施强制扑杀时，保险公司可从保险金额中相应扣减政府扑杀专项补贴金额后进行赔付。

五、为什么农业保险理赔需要公示

（一）农业保险理赔公示的必要性

在农业保险试点过程中，为了规范农业保险的承保、理赔，防范虚假承保、虚假理赔、截留挪用理赔款等风险，监管机关逐步推动建立了农业保险的公示制度。早在 2009 年，保监会《关于规范政策性农业保险业务管理的通知》就对加强投保提示、公开承保情况、理赔资金支付给农户、公开理赔程序等提出了明确要求；随后的《关于进一步做好农业保险发展工作的通知》，进一步明确了"惠农政策公开、承保情况公开、理赔结果公开、服务标准公开、监管要求公开和承保到户、定损到户和理赔到户"的"五公开、三到户"的监管要求；2011 年《关于加强农业保险承保管理工作的通知》、2012 年《关于加强农业保险理赔管理工作的通知》，对承保理赔环节如何公开、如何保证到户做了进一步的明确和规范。

（二）农业保险理赔公示的要求

为防止虚假承保、虚假理赔问题发生，目前实行的主要制度就是公示、回访，以及"零现金"发放赔款制度。《农业保险条例》第十条第二款、第十二条、第十五条从立法上确立了农业保险公示制度，要求农业生产经营组织、村民委员会等单位组织农户投保的，承保情况、查勘定损和理赔结果均要公示。一方面，在查勘定损工作结束后、赔款发放前，保险公示须将每个参保农户的理赔结果，包括农户姓名、参保面积、受灾面积、损失程度、赔款金额等信息，在村屯显著位置进行7天以上的公示。发动广大农户互相监督，并及时处理农户反映的问题。另一方面，在理赔工作结束后，按照监管部门有关规定，保险公司按照理赔农户的一定比例进行电话及入户回访，通过回访发现解决理赔中存在的问题。另外，保险公司采取"零现金"方式，将赔款打入参保受灾农户的存折（卡）中，从而有效规避赔款被截留、挤占、挪用问题的发生。

六、农业保险赔偿款如何支付给被保险人

保险公司应通过零现金转账直赔方式将农业保险赔款支付到被保险人银行账户中，并留存有效支付凭证或银行支付有效证明。农业生产经营组织、村民委员会等组织农户投保种植业保险的，公示无异议之后，保险公司可直接将款项支付给农户银行账户，或通过财政补贴农户资金"一卡通"支付给农户。

当然，如果在农业保险有效期内没有发生灾害损失，保险费是不会退还给保险人的。如果投保人连续几年没有发生灾害，那么投保人会根据实际情况采取一些优惠措施，比如返还一部分保

费，或者减免一部分保费等，通过这些途径，使那些受灾害较少的农户可以付出较少的成本来购买农业保险。

七、农业保险理赔时遇到争议怎么办

在农业保险出现理赔问题时，投保人应按照规定的保险理赔流程来进行理赔，必要时可向相关部门进行理赔知识咨询，好让理赔顺利进行。如果农户或农业生产经营组织与农业保险经办机构因保险事宜发生争议，或者对理赔结果不满意的话，可通过自行协商解决，也可向当地政策性农业保险工作机构或政府申请调解。保险公司受理的投诉案件，会在承诺工作日内明确处理意见。存在分歧的应积极沟通解决，并将相关意见和建议及时告知客户。如调解无法达成一致，可申请仲裁或向当地人民法院提起诉讼。必要时可向律师以及相关部门进行理赔知识咨询，好让理赔顺利进行。

小　结

一般而言，农业保险的理赔程序包括报案、查勘定损、立案、理赔公示、核赔、赔款支付六个环节。在遭受损失后，投保人（被保险人）应积极自救并及时通知保险人，并提供索赔的单证，接受保险人的勘查并定损，以确定损失的程度和数额，在公示期满后，领取保险赔款。如果对理赔结果有异议的话，可以通过协商调解的方式解决。如调解无法达成一致，可申请仲裁或向当地人民法院提起诉讼。

问题八 农业保险经营有风险吗
——农业保险的问题与解决

一头生猪"死三遍",财政补贴这样骗?

2018 年下半年,四川德阳纪检监察机关在深化惠民惠农财政补贴"一卡通"管理问题专项治理时,发现了一些"生猪保险"的蹊跷。

德阳广汉高坪镇农民张某 2017 年出资 42 万余元购买了 7.5 万头育肥猪保险和 200 头能繁母猪保险,年底获赔 93.6 万余元。但纪检监察机关查访线索时发现,他是"空手套白猪",一头猪都没有养。原来,保险机构业务员向张某承诺,只要购买保险,无论猪死不死都按 1.5% 的理赔形式返还,即投保 100 头猪理赔 1.5 头,投保费 560 元,包赔 1050 元。政策性生猪保险保费由政府补贴 80%,农户出 20%。如张某这单"生意",财政补贴就要被冒领约 160 万元。扣除连本带利付给张某的 93.6 万元、付给畜牧站的 16 万余元后,保险机构将 90 多万元装入囊中,成为"业务盈利"。

2016～2018 年,德阳市共有 1729 户养殖户、41 家专合社通过"以少投多"虚增、"无中生有"虚构等方式进行虚假投保,最多的一户虚保高达 15 万头,套取财政补贴 336 万余元。"生猪保险"业务链通过虚构、虚增,成了"生财链""腐败链"。截至 2018

年，德阳市纪检监察机关共核查涉案人员 545 名，7 家保险公司和多数基层畜牧站涉案，给予组织处理 393 人，公安机关立案查处 23 人。保险公司内部处理 57 人，追回财政补贴资金 6446 万余元。

资料来源：新华每日电讯，mrdx. cn/content/20190719/Articel13002BB. htm.

【导读】　农业保险在发展农村经济、促进农业生产、安定农民生活等方面具有重要作用，已成为农民灾后恢复生产和灾区重建的重要资金来源。农业保险经营面临着效率和风险管理的悖论，突出表现为存在道德风险、信息不对称和理赔效率低等问题，严重制约了农业保险经济补偿、资金融通和社会管理职能的发挥。在农业保险的经营过程中，会遇到哪些风险？这些风险有什么特征？产生这些风险的原因是什么？如何防范这些风险？这些问题都值得我们思考。

一、如何防范农业保险的道德风险

（一）什么是道德风险

道德风险是指投保人在得到保险保障之后改变日常行为的一种倾向，分为事前道德风险和事后道德风险。保险可能会对被保险人的预防损失的动机产生一定的影响，这种影响叫作事前道德风险。举个例子来说，有的保险公司在投保前不事先告知农户赔付范围，例如小麦、玉米等粮食作物赔付标准是减产不保绝产保，导致农户受灾后因不符合条件得不到赔偿。有的地方为了获取更多中央财政补贴，代替农民投保，虚增保面，农户并不知情；有的保险公司为了多拿补贴、多赚钱，搞假投保、假赔案，国家给农民的补贴没落到农户兜里等等。

损失发生后，保险可能会对被保险人的减少损失的动机产生一定的影响，这种影响叫作事后道德风险。保险公司的业务员往往在与农民和乡村干部的查勘定损中，面临与农民信息不对称问题，面对死猪、死鸡、死牛、死鱼和大面积自然灾害造成的农业财产损失，保险公司在与农民的博弈中，由于缺乏农业生产经验，而只能被农民拖着走，于是高风险、高赔付便成为保险公司经营挥之不去的"阴影"。

由此可见，农业保险中的道德风险，与保险人和被保险人都有关系，存在着地方政府相关部门、保险公司和农民多层面的道德风险同时并发的现象，对我国农业保险的发展危害颇深。

【百姓茶话】

村干部骗保是拿群众不知情当"保险"

众所周知，农民从事农业种植就要看老天的"脸色"，靠天吃饭。党和政府为最大程度上保障农民的利益，减少自然灾害等问题对农民收入的影响而开始实施农业保险制度。但是，一些基层的村干部却把这项惠民政策当成了"惠己"政策。河南省平顶山市叶县某村村干部与保险公司工作人员勾结贪污农业保险理赔款200余万元。这些村干部之所以敢于骗保就是因为拿群众对惠民政策不知情当"保险"。

"用一次十块钱"，当地村民说村干部有时会借村民的身份证用。在笔者看来，这一句话透露的"信息量"很大。首先，这句话折射出当地农民缺乏对个人信息的保护意识，对出借身份证可能带来的危害并不了解。其次，当地农民并没有想过村干部付费借身份证的背后可能隐藏着阴谋，而村干部可以从中获得更大的利益。最后，村干部敢于明目张胆地向村民借身份证就是吃准了村民不知道自己身份证的重要性，更不了解农业保险这项惠民政策。

这起贪污保费案之所以发生，都是建立在村干部与村民所获知的信息不对等的基础上。另外，此事也暴露出相关政府部门的监管缺失，给了村干部钻空子的机会。广大农户要注意保护个人信息，尤其是要保管好身份证。身份证是证明公民身份的唯一证件，他人借用肯定是为了冒用自己的身份，公民千万不要为了蝇头小利而吃大亏。

资料来源：中国江西网，jxcomment.jxnews.com.cn/system/2016/11/10/015370851.shtml.

（二）道德风险产生的原因

1. 投保人投保前信息隐匿、灾后不作为。农户具有耕地分散、保额小、涉及面广等特点，为查勘理赔增大了难度，极易发生道德风险。比如，有的农户缺乏农业保险知识且诚信度低，投保目的不明确，灾害自救不积极；投保农户在受灾以后谎报灾情、虚报或者夸大灾害损失、串换标的以骗取农业保险赔款的现象也并不鲜见。在不少情况下，有关气象部门或防疫部门甚至协助骗保为农民开具灾害天气或者牲畜死亡证明。这类现象无论是在养殖保险，还是种植业保险都经常发生，有时候甚至是大规模地发生。与此同时，投保农户不按照正常的耕作制度进行农作，疏于田间管理，或者在受灾以后怠于采取减灾减损措施，以获取保险公司的超额赔款也普遍存在。农户与保险公司之间信息不对称，道德风险逐渐显现。

这种现象产生的根源在于：一部分农户认为保险是一种负担，是一项不必要的开支，所以不会选择投保；而选择投保的农户，在心理上也始终害怕当险情发生后无法获得赔付，或者认为险情若不发生，买保险就等于花了冤枉钱，这样的思想基本上都是来自于农户错误的保险理念，以及对保险的认知不足，没有真正理解保险的含义和作用，在无法察觉的隐秘状态下，极易滋生道德风险。

【百姓茶话】

农业保险中农户道德风险实例

2013 年，赤峰市某旗保险公司承保该旗下几个村的农作物保险，承保面积超过了 22.5 万亩。其中，旱地玉米超过 18 万亩，水地玉米超过 4.5 万亩。后期在对承保面积的核查中发现，其投保的面积远远大于实际面积。经查实，旱地玉米实际面积大约为 10.2 万亩，少于投保面积 7.8 万亩，涉及保费超过 150 万元，涉及 9 个村 3523 户农户。在养殖业方面，道德风险的发生更为严重。2017 年 1 月，赵县某保险公司承保了某户育肥猪 1000 多头，保险金额高达 50 多万元，期限为半年。半年中该户共报案 17 次，有 13 次的理赔金额均超过 1000 元，其在 5 月份的报案中声称，在饲养过程中有 3 头育肥猪死亡，要求保险公司赔偿损失金额共 1500 元。而核赔人员在审核时发现，这 3 头猪的大小体型都异常相似，后经仔细辨认，确定这三头猪为同一头，唯一的不同竟是脏与洗干净的区别。另外，在养殖业的核赔过程中，核赔人员还发现，养殖户经常利用同一保险标的向保险公司报案，甚至某些养殖户还利用 PS 技术制造出多个保险标的向保险公司报案要求赔偿。

资料来源：王鑫，叶林祺. 浅析农业保险中的道德风险 [J]. 甘肃金融，2018（5）：15 - 18.

2. 对保险人行为的规范和监督存在监管漏洞。对于保险人一方来说，它拥有制定保险合同的专业和技术的优势，合同条款中某些内容及其确切或者真实含意，并不是投保农户能够完全了解的。在现有条件下，保险人也因为拥有较大的甚至完全的定价权，可能不适当加大保险费率的安全系数，增加安全边际，使投保人支付的保费（包括财政支付的保费补贴）与其风险保障不一致。保险营销人员也会因为监管漏洞，通过非法手段与投保人密谋，签订假保单，骗取财政补贴或者多收保费，甚至将保费据为己有，从而既损害投保农户的利益，也损害国家的利益。2016年9月，保监会在官网连续公布16张罚单，累计开出457万元的罚单，主要原因就是在农业保险业务领域，保险公司通过假保险合同套取财政补贴金额，或者为了吸引农户投保，使出"保费返还"的招数，即答应给投保农户一倍甚至两倍的保费返还。有灾害发生，"返还"能以灾损赔偿甚至通融赔付的方式来"兑现"。如果没有灾害发生，就编造假赔案来给投保农户返还。这些行为源于保险公司内部控制疏于监管，严重地影响了农业保险业务的健康发展。

保险公司未投入足够的人力物力保证理赔过程符合监管规范，是违法违规行为产生的主观原因。农作物品种繁多且各品种生长差异较大，各地生产资料直接物化投入水平千差万别，各种自然灾害对农业产生的影响也不尽相同，灾害定损标准难以量化。农业保险条款仅规定了农作物不同生长期的最高赔付比例，保险公司查勘定损是在考虑农业生产技术部门专业鉴定意见的基础上，以经验判断为主。现阶段，农业保险外部监管工作凭借现场查勘照片、查勘记录、气象证明等材料，难以鉴别定损金额准确性与赔案真实性，查实假赔案、虚增赔款等违规问题的难度较大。

3. 个别地方政府存在道德风险。政府有关部门本来只是协助保险机构宣传和组织投保，帮助保险机构定损理赔，便于合理定损减少纠纷。但一些地方的基层政府部门，未能准确理解《农业保险条例》关于"农业保险实行政府引导、市场运作、自主自愿、协同推进的原则"。有的地区制定不切实际的参保率指标，强制或变相强制农户参保，甚至为了帮助有的公司获取或扩大市场份额而受贿。有的地区以维稳为由，要求对未受灾农户"无灾返本"

或平均赔付、协议赔付。有的基层政府部门未尽管理与监督职责，个别基层政府甚至要求或协同保险公司通过编造虚假气象证明等方式套取赔款或费用，用于返还县级保费补贴或支付工作经费，克扣、截留、挤占、挪用财政补贴资金或者农户农业保险赔偿款等问题时有发生。

【百姓茶话】

农业保险中政府道德风险实例

在吉林省柳河县，薛某某在 2010 年至 2012 年任县农业经济局局长期间，为多得一些保险代理费（保险公司每年度给予县农经局比例不等的代理费），违规确定参保对象。案件涉及农经系统内人员渎职犯罪多达 10 余人，在 2010 年至 2013 年的四年间，给国家造成 500 余万元经济损失。

检察机关 2013 年查获的吉林省抚松县田发业系列窝案、串案较为典型。抚松县农业经济管理总站原站长刘淑华、漫江镇经管站原站长田发业等人在任职期间，利用职务便利，与一家农业保险股份有限公司经理等人套取 30 余万元。抚松县农业保险业务全部由这家保险公司承办，经管站作为代办点配合开展工作，负责填报汇总农业保险投保明细表，收取保费上交给保险公司，农作物出险后负责报案等工作。在工作职责上，保险公司相关人员负责承保和出险后的理赔，田发业协助代办。刘淑华是该保险公司聘任的农业专家，同时担任县政府"国家农业政策性保险领导小组"办公室主任一职，与保险公司人员一同对农作物受灾情况进行查勘、评估和定损，利用职务之便，或冒用他人名义进行虚假理赔，或采用虚增受损面积、程度套取理赔款。

资料来源：新华网，www.xinhuanet.com//politics/2015 - 12/02/c_128490270.htm.

(三) 道德风险防范的传统方式

1. 加大农业保险宣传力度。政府层面充分宣传农业保险作为防范风险的工具，对于风险意识淡薄的农户，更应该讲清农业保险能够有效分散"因灾致贫"的风险，改变人们心中对保险的认识；要充分利用电视、网络、微信、报纸等媒介对农业风险及保险知识进行讲解，加深群众的风险意识和对保险的认识。让农户对农业保险有一个理性的认识，保险机构切勿急功近利。在实践中应当逐步采用具体可行、图文并茂的宣传工具，譬如可以充分运用板报、标语、讲座、宣传手册等形式，加强对农户的风险教育。

2. 强化保险公司内部控制。要通过制度规范和约束，督促保险公司加快转变经营理念，将发展方式转移到完善内控和提升服务能力上来，推动农业保险发展实现转型升级。要不断强化所有保险公司经营农业保险的"基准意识"。这种基准意识就是做农业保险的根本目的，是为农业的可持续发展、为国家的粮食安全战略做贡献，而不是因为做农业保险有政府的保费补贴而好赚钱、多赚钱。

3. 加强农业保险市场监管。近几年保监会和财政部发布了一系列文件规范保险公司在农业保险经营中的行为和财政补贴资金拨付程序和规则，保证了政策性农业保险的顺利开展。但如上所述，由于是多家监管，难免有衔接不畅的地方，也还存在一些监管盲区。因此，必须在统一的规则下实行对农业保险的全方位监管，以防范某些方面因为监管疏漏产生的道德风险事故。以落实国家强农惠农富农政策和保护农户权益为核心，加大监管力度，规范市场秩序，持续保持监管高压，对各类影响国家惠农政策落实和侵害农民权益的行为"零容忍"，依法予以严厉打击，确保农业保险好事办好、实事做实。

（四）道德风险防范的新探索——天气指数保险

天气指数保险区别于传统的农业保险，属于指数类保险。在20世纪90年代初，世界银行的邓肯等人系统地探讨了天气指数保险的概念。至今有包括世界银行和世界粮食计划署在内的多个机构在30多个国家进行天气指数农业保险的试点。多国的实践表明，天气指数保险在帮助农民分散农业天气灾害风险方面可以发挥有效的作用。2007年，中国首家农业保险公司首次推出天气指数保险，在南汇西瓜种植区域试点。随后，江西、广东、河北、北京、江苏、山西、青海、福建等地多家保险公司根据地区实际情况自主研发具有区域特色的天气指数保险产品，并进行试点。2014年，国务院下发的《关于加快发展现代保险服务业的若干意见》中明确指出，要"探索天气指数保险等新兴产品和服务，丰富农业保险风险管理工具"。天气指数保险等新兴保险产品的出现，以客观天气条件作为保险的理赔对象，可以有效地避免逆向选择和道德风险，同时能够有效地降低交易成本，正成为发展中国家农业保险的主流发展趋势。

传统的农业保险是以单个农田或农场的产品为保险标的，通过核定其产量或收入的损失来进行赔付，而且仅仅补偿农业生产的物化成本，远远不能满足农户的需求。同时，我国的自然灾害发生频繁，灾害损失覆盖面大，而农业生产经营规模小而分散，这加大了传统农业保险查勘定损的难度，推高了保险公司的运营成本。天气指数保险所采用的理赔依据是一些客观的天气事件，如温度、降水、风速或光照等天气变量或复合天气变量的阈值，同时要求这些变量与被保作物的产量或收入的损失高度相关。与传统农业保险相比，天气指数保险可以更好地克服信息不对称问题，从而有利于减少逆选择，防范道德风险。一般而言，投保农户比保险公司更加了解自己面临的风险，尤其是损失分布概率。当农户估计自己会承担比较大的风险时，他们就会积极购买相应的保险产品。生产风险越大的农民购买保险的可能性越大，这就造成所收保费远低于赔偿金，导致保险公司的损失。此外，传统的保险合同是以单个农户的实际农作物产量或收入损失作为理赔依据的，一旦受灾之后，农民为了得到赔偿金，可能不会积极救灾，甚至故意增加灾害损失。这类事件很难取证和鉴定，也会导致保险公司的损失超过预期。为了应对这些问题，采用传统农业保险模式的公司往往运用免责条款、共同赔付或部分损失赔付的方式，但很难从根本上回避这类风险。而指数类保险较少出现信息不对称的情况。天气指数农业保险中的指数往往采用由国家气象部门提供的气象数据，农户不会比保险公司更了解依此设计的指数值，农户更不可能影响这些指数值。只要指数值设计得合理精确，损失的赔付就会符合预期。单个农户只是得到因为天气灾害造成的平均损失的赔付，而由于个体原因造成的其他损失将独自负担。尽管投保人相对于保险人更了解自己的农作物状况，但天气指数保险并不以个别生产者所实现的产量作为保险赔付的标准，而是根据现实天气指数和约定天气指数之间的偏差进行标准统一的赔付。因此，在同一农业保险风险区划内，所有的投保人以同样的费率购买保险，当灾害发生时获得相同的赔付，额外的损失责任由被保险人自己承担。这种严格规范的赔付标准极大地解决了信息不对称问题，进而解决了逆向选择和道德风险问题。

【百姓茶话】

中国人保财险完成首单"利奇马"台风农业保险理赔

2019年8月10日上午，中国人保财险完成首单"利奇马"台风农业保险理赔，从出险报案到结案仅1小时。"利奇马"台风来袭后，宁波多地遭受狂风暴雨，中国人保财险宁波市分公司农业保险部通过查询气象数据主动联系农户进行梭子蟹、南美白对虾等气象指数理赔，象山南美白对虾养殖户史先生第一时间收到赔款 26.6 万元。

该养殖户于 2019 年 6 月为他的 585 亩南美白对虾投保了气象指数保险，当保险南美白对虾所在区域遭受风雨灾害触发保险责任时，保险公司主动联系农户并按照气象数据对其进行赔偿，无须进行实地查勘，实现高效、精准理赔。8 月 10 日上午，受超强台风"利奇马"影响，该农户投保的 585 亩南美白对虾全部出险，为及时安抚受灾农户，将赔款送到农户手中，中国人保财险于 10 日上午 10 点前往当地气象局下载气象证明，11 点 02 分进行报案，于 12 点 13 分顺利结案，首笔农业保险台风理赔完成，此次赔款共计 266175 元。8 月 10 日下午，中国人保财险宁波市分公司前往象山给这位南美白对虾养殖户及时送上了首单赔款。

资料来源：中国金融新闻网，www.financialnews.com.cn/bx/jg/201908/t20190811_165760.html.

（五）道德风险防范的新探索——保险科技

自 2017 年保险科技元年起，大数据、区块链、人工智能等新科技就在逐步改变着保险行业的生态，各种创新科技在保险领域的应用层出不穷，新技术渗透到保险业务流程与各类场景中。在农业保险领域，保险公司的经营管理水平正因为大数据的介入而变得更加合理和高效。应用数据挖掘、云计算等技术对农业、农村多维度数据进行综合分析，在此基础上形成的有效信息可为保险公司经营农业保险提供参考。

在科技推动农业保险走向现代化的进程中，实现精准承保理赔被看作是农业保险新技术应用的起点和关键点。由于保险公司所承保的农业种植面积通常较广，突遭灾害天气给传统的人工查勘造成很大困难，比如工作量巨大、时效性不高，定损存在主观因素不精准等。若借助科技手段，则会使保险理赔变得更高效、精准。在传统农业保险查勘定损时，保险公司需要调集大量人员、车辆对灾害情况进行查勘理赔，此过程通常需要 1～2 周时间，由于人员临时抽调，业务水平参差不齐，一些人为因素会影响对灾害损失的判断。借助科技手段，许多查勘员只需手持安装 APP 专业小程序的手机，利用"3S"技术（遥感技术 RS、地理信息系统 GIS、全球定位系统 GPS）便可助其工作一臂之力。利用卫星遥感技术和无人机设备可大面积确定受灾情况，通过卫星遥感及无人机航拍，将获取的灾害影像导入电脑，利用航空影像拼接软件及地理信息处理软件对农作物的受灾面积、损失率进行分析计算，航拍、处理及计算通常可在 3 天内完成，效率更高，定损更加准确客观。

　　在农业风险预测方面，结合物联网、大数据和人工智能，农业保险科技可以帮助保险公司实现前瞻性的风险预测，不仅可以提高客户防灾减损能力，还可以优化现场服务人员和设备的布局，从而减少风险、降低成本，有效解决了农业保险中面临的各种违规问题。利用物联网技术，在农田安装监测土壤温度、湿度、酸碱度，甚至各种元素含量的传感器，保险公司将可以设计出更能反映作物实际产出的指数化保险，从而通过约定指数化给付条件，将农业保险从损失补偿型转变为条件给付型，彻底免去查勘定损的环节。即便仍然使用损失补偿模式，经营管理领域的农业保险科技和现场服务以及自助服务相结合后，农业专家对各种自助和现场渠道传来的数据进行定损判断后，人工智能可以通过对海量数据的学习，逐渐替代农业专家的工作，提高农业保险理赔效率的同时更可以极大降低经营管理成本。

【百姓茶话】

养殖业保险"闪赔"新模式　科技助力农业保险发展

2018 年 12 月 14 日，平安产险河南分公司陕州支公司顺利完成养殖业"闪赔"工作，标志着平安产险农业保险"闪赔"模式成功落地三门峡地区。该笔养殖业保险理赔工作，从现场查勘、线上信息录入完毕到理赔款支付到账仅耗时 1 分 30 秒。

2018 年 12 月 14 日上午 11 点 56 分，平安产险三门峡陕州支公司理赔员接到客户报案称自己养殖的标的育肥猪死亡。理赔员立即联系当地防疫站、无害化处理中心工作人员一同前往。在多方参与见证下，平安理赔员核定标的损失，被保险人现场签字确认赔款。12 点 48 分 30 秒理赔员将所有理赔材料上传到 AI 农宝，12 点 50 分赔款到账，从理赔资料上传系统到赔款到账仅仅耗时 1 分 30 秒。

传统养殖业理赔工作一般赔款支付成功在 3～5 天，大大影响广大养殖户的客户体验。平安产险抓到此项痛点，不断优化理赔操作、支付流程，并成立专门核赔团队，实现 1～2 分钟养殖业小额快赔新技术，大大提高工作效率以及客户体验。

资料来源：和讯网，henan. hexun. com/2018 - 12 - 18/195583831. html.

二、如何防范农业保险的大灾风险

（一）什么是农业大灾风险

大灾风险是指因重大自然灾害，疾病传播，恐怖主义袭击或人为事故而造成巨大损失的风险。大灾风险与一般风险不同，具有特殊性，表现为：发生的频率低，一般性火灾、车祸天天发生，多起发生，破坏性地震、火山爆发、大洪水、风暴潮等大灾则很少发生，几年、几十年甚至更长时间才发生一次。普通灾害发生频率高，但每一次事故造成的损失小；大灾发生次数少，一旦造成损失则是巨大损失，一次火灾烧毁一栋房屋，或造成万元级、百万元级损失，然而一次大地震、大洪水可造成数亿元、数百亿元甚至上千亿元损失。

农业大灾风险可以被定义为由于极端气象事件和疫病、虫害大范围流行，导致农林牧渔业生产巨大损失的风险。在农业保险中，讨论大灾风险，仅限于自然灾害损失大小本身，其制度意义还是有限的。因为对农业保险经营来说，还有自身偿付能力问题，在自己偿付能力限度内的保险风险损失，因为保险经营者可控，就不是大灾，只有超出保险经营者偿付能力限度，可能会引起公司破产，才是农业大灾风险。

(二) 农业大灾风险带来的危害

综观世界，近年来也不乏农业大灾事件在全球范围内同期发生，造成全球范围内的大灾事件。例如，2012年美国主要粮食地区发生大规模干旱事件，使得当年美国全国农业保险赔付率达150%以上，美国玉米严重歉收，价格飙升，也因此打击了以玉米为饲料的肉类企业；同年，布拉万台风给韩国农业带来重创，当地市场保险赔付率超过350%；同样是在2012年，俄罗斯受到干旱影响，当地农业保险市场赔付率超过150%；当年乌克兰农业保险赔付率超过300%。农业大灾风险在各个国家的保险领域都是一个值得关注的问题。

在我国，自然条件复杂，各种灾害频发是我国的客观现实，加之农业抗风险能力差以及现阶段农业保险的保障单薄等特点，使得大灾对农业的影响尤为突出。例如，2016年内蒙古东部和东北西部地区发生严重干旱，对当地玉米及牧草等作物生长造成严重影响。黑龙江省、内蒙古自治区和吉林省共 19 市 102 个县（市、区、旗）共将近一千万人口受灾，农作物受灾面积达 600 万公顷，绝收面积 80 万公顷以上，直接经济损失 225 亿元。此次事件使得在当地规模经营农业保险的各家保险公司种植险赔付率极大攀升，全省种植业整体赔付率均在 100% 以上，受灾县市赔付率在 300% ~ 500% 的也屡见不鲜。

大灾事件发生后，保险公司会受到大范围的波及，无法在空间上分散风险，也不能实现灾害风险在全国范围内的分散，限制了大灾风险的分散渠道和范围，并且随着保险条件的调整，保险公司在平常年份很难累积足够的准备金，以在时间上分散低频高强度的风险，农业保险经办机构对政府支持政策的较大依赖性导致其业务经营会因政策变动而体现出较大的波动性。对地方政府来说，大灾发生后，各级政府一般会积极救助，由此形成社会对政府的极大依赖，成为大灾损失的主要责任主体。政府分担农业大灾风险，会给地方财政带来较大的支出困难，这部分额外的、大量的、不可预见的财政支出也给财政预算的稳定性带来挑战。

（三）农业大灾风险的防范——农业大灾保险

大灾保险正是专门针对因发生地震、飓风、海啸、洪水等自然灾害而可能造成的巨大财产损失和严重人员伤亡的保险。大灾保险作为大灾风险管理的重要手段，可以通过市场化的手段，减轻受灾民众的损失和以往政府灾后"大包大揽"的财政压力，形成多主体、多渠道的抗灾减灾模式。

我国一直很重视农业保险经营中的大灾风险分散问题，不断尝试构建大灾保险体系，早在 1998 年特大洪水灾害时就开始探讨大灾体系构建，彼时的保险赔付金额仅占整体经济损失的 0.2%。

在 2007 年的"中央一号"文件里，就提出了"完善农业大灾风险转移分摊机制"，在其后多年的"中央一号"文件里，也都提到要健全农业再保险体系，逐步建立中央财政支持下的农业大灾风险转移分散机制。2013 年底，财政部正式出台了《农业保险大灾风险准备金管理办法》，对农业保险大灾风险准备金制度进行规范和要求。自 2014 年国务院下发的《关于加快发展现代保险服务业的若干意见》明确提出"将保险纳入灾害事故防范救助体系，建立大灾保险制度"之后，很多地区先后开展了大灾保险试点，地方政府与保险公司建立起不同形式的合作关系，大灾保险制度的探索也随之揭开新篇章。比如，深圳、宁波、厦门等地开展了综合性的公共大灾保险试点，云南、四川、河北等地开展了居民住宅地震保险试点，广东省则开展了大灾指数保险的试点等。这些试点改变了我国大灾保险供给长期缺失的局面，实现了大灾保险从无到有的突破。

　　虽然目前中央层面的灾后补偿还在萌芽阶段，但是各地已开始尝试不同的运行模式并取得了不错的成绩。运行模式不再是单一的保险公司理赔或者是财政全额补偿的情况，而是由政府和市场相互作用下，共同承担农业大灾的风险。

　　2016 年，阳光农业相互保险公司分别与黑龙江省财政厅、瑞士再保险公司签订农业财政大灾指数保险单及再保险合同，标志着黑龙江省农业财政大灾指数保险试点正式启动运行。农业财政大灾指数保险是指由政府出资向保险公司购买大灾指数保险产品，当合同约定的大灾风险发生后，保险公司按照合同约定给予贫困地区财政救灾资金赔偿。此次试点由阳光农业相互保险公司承保，以 80% 的比例分保给瑞士再保险公司。投保主体为黑龙江省财政厅，保险区域为黑龙江省 28 个贫困县，保险险种包括干旱指数保险、低温指数保险、降水过多指数保险、洪水淹没范围指数保险，总保费 1 亿元，保险金额 23.24 亿元。其中，干旱指数保险、低温指数保险、降水过多指数保险费率为 4%，洪水淹没范围指数保险费率为 6.16%。在保险期间内，当保险区域超过设定的干旱、低温、降水过多、流域洪水阈值后，保险人按保险合同约定，计算保险赔付金额，赔付到投保人指定账户。

2017 年，上海保险业创新推出了全国首个农业台风大灾指数保险。该险种创新地应用了保险科技，联袂天气科技公司及再保险公司，结合气象预测与保险精算技术，基于历史数据进行了 3 万场台风模拟，可实现精准的风险致灾评估和保险费率定价。同时，在结合中国农业特色的基础上，创新拓展了保障范围，保障强风与强降水两类致灾因子带来的损失，较国际常见的仅保障强风灾害范围更广、实用性更强。农业台风大灾指数保险强化了普惠属性，将保险期间细化到以自然月为单位，将保费分为 50 元、100 元、150 元、200 元四档，将客户移动端用于定位投保地址，将气象指数作为自动理赔依据。该产品为上海、浙江等沿海八省市从事农业生产或与农业设施、农作物有利益关系的单位或个人提供台风大灾保障。

大灾保险作为大灾风险管理的重要手段，在应对地震、台风等重大自然灾害或重大人为灾难中理应发挥重要作用，但实际上我国的大灾保险仍处在初级发展阶段，表现为保险赔付在大灾损失中占比较低。从历史数据来看，1998 年，我国特大洪灾导致了 2484 亿元的直接经济损失，但保险赔付仅有 33.5 亿元，占直接损失的 1.3%；2014 年 8 月的云南鲁甸地震，直接经济损失约为 63 亿元，而保险公司的估损金额仅有 734.5 万元，仅占直接经济损失的 0.1%；2008 年南方冰灾，保险赔付 84 亿元，占直接经济损失（1516 亿元）的比重不足 6%；2008 年 5 月汶川大地震，保险赔付约为 20 亿元，占直接经济损失 8451 亿元的比重不足 1%。未来，农业保险发展的空间仍然非常大，尤其是在农业大灾保险方面。对于农户而言，自行投保大灾保险是不现实的，需要政府、农户和保险公司共同来支持。一方面，大灾保险比较适合在大的范围内推广，因为这样更好统筹，也符合保险的大数定理。而要较快地扩大投保范围，需要政府从顶层设计上做一些制度性的安排。这样保险公司就可以实现以丰年养歉年，即在大灾少的年份，在财务上进行大灾拨备，到歉年的时候释放出来。另一方面，我国对大灾的防控能力比较弱，可以通过这种投入少量财政资金的方式，实现"四两拨千斤"，撬动市场化的力量帮助遭受大灾的地区、农户渡过难关。

（四）农业大灾风险的防范——农业再保险

农业再保险是指保险公司为分散风险，通过订立再保险合同，将已承保的农业保险业务风险，以分保的形式，转移给其他保险公司，实现风险在更大的范围内分散。农业再保险有利于分散农业保险中的风险，保障保险业务的稳定性。在我国农业保险实务中，由于农业风险的发生具有地域性和高度集中性的特点，农业保险原保险人承保的保险标的往往相对单一集中，业务结构不够合理，是达不到保险金额均匀要求的，而通过农业再保险，原保险人则可以将同类农业保险业务中超过平均保险金额水平的业务分给其他保险人，以促使农业保险金额的相对均匀，使农业保险业务的经营更趋于稳定，有利于减少农业保险经营中的不稳定因素，有利于分散保险公司的风险，促进保险公司的稳定发展。

我国农业再保险体系主要采取市场化运行模式，外资再保人的市场份额高达60%，市场总体承保能力表现不足，农业大灾风险保障程度较市场需求相比明显偏低。为进一步扩大农业再保险承保能力，2014年在中国保监会的推动下，中国财产再保险有限责任公司与行业 23 家具有农业保险经营资质的财险公司共同发起成立了中国农业保险再保险共同体（以下简称"农共体"），初步形成了以农共体为基础的农业再保险体系。成立以来，农共体通过制度化安排和市场化模式，有效整合行业资源，在扩大保障能力、支持创新发展、稳定农业保险体系、落实惠农政策方面发挥了积极作用，成为我国农业再保险体系的重要基石。在提供再保险保障方面，目前农共体拥有成员公司 32 家，承保能力达 3600 亿元以上。在 2015 年，面对东北干旱、"灿鸿"台风、"彩虹"台风等重大灾害，农共体所支付的再保险赔款占当地农业保险赔付的 40% 以上；2015～2016 年累计承担风险责任 3500 亿元，支付行业赔款 98 亿元，有力支持了农业保险直保市场，尤其是在化解我国区域性、流域性农业大灾风险方面发挥了重要作用，为下一步配合国家完善农业再保险体系、探索建立财政支持的农业保险大灾保险机制奠定了基础。

总体来看，目前我国农业保险的大灾风险分散机制还不够完备，农业再保险对大灾风险分散机制还有没形成。由于农业风险的一大特点就是容易发生系统性风险，一场大灾往往影响范围很广，而且会影响保险机构财务方面的稳定性，间接影响到保险机构对高风险地区的承保积极性，尝试探索农业再保险业务有助于让农业保险的大灾分散机制更加健全，我国的保险体系也将更加完善。

三、为什么"保险 + 期货"是农业保险风险管理的新途径

（一）为什么在农业领域开展保险与期货的跨界合作

从近年来的"中央一号"文件中不难发现，2016～2019 年的

文件连续四年将"保险 + 期货"一词纳入其中，明确提出稳步扩大"保险 + 期货"试点。自 2015 年推出试点以来，"保险 + 期货"模式正加速推进，已经成为近年来我国金融市场探索推出的支持"三农"发展和服务农业供给侧结构性改革的创新模式。自我国首次开展"保险 + 期货"试点以来，目前共有 30 多家期货公司与多家保险公司合作参与，围绕大豆、玉米、鸡蛋、白糖、棉花、天然橡胶等农产品开展了上百个试点项目，覆盖农业种植面积数百万亩，最终为农户理赔数千万元。

为什么在农业领域要推出"保险 + 期货"？当前我国农业生产存在三方面问题：一是农民受农产品价格波动影响大，增收难，缺乏必要的避险机制；二是国家调控存在两难，高价收粮，仓库粮满为患，不高价收粮，农民积极性受挫；三是传统金融产品如农产品保险和农产品期货各有局限，服务"三农"的效果并不理想。"保险 + 期货"跨界合作破解了上述难题，利用市场化手段，通过保险保障农民收入，利用期货市场转移保险公司风险。这一模式结合了保险财产保障、补偿的功能和期货发现未来价格、风险管理的功能，在服务"三农"过程中效果显著。"保险 + 期货"模式是对传统农业保险的重要创新，将传统保险无法承保的价格风险进行转移和分散。该模式对于提升农业保险保障能力、推进农业供给侧结构性改革具有重要意义。

对大宗商品来说，期货一直是对冲风险的工具。利用期货的套期保值功能，人们在期货市场上买进或卖出合约，提前锁定商品价格，以此来规避市场的风险。比如美国农户就会通过期货市场参考玉米的比价关系，来调整种植结构。期货是发达国家农产品风险管理的重要工具，但我国农业生产规模化程度较低，期货产品也不够丰富，农户受教育程度和资金水平的限制，并不具备期货的专业知识，难以直接参与期货市场。农户对保险认可度高，且保险机构在农村网点多。于是,"保险 + 期货"这一创新模式应运而生。

"保险 + 期货"模式改变了传统期货公司和保险公司各自为政的不足,将期货公司对冲价格波动风险的专业能力与保险公司丰富的保险产品研发经验和保险客户基础优势相结合。对保险公司来说,不再仅仅是被动赔付"看天吃饭",而是积极打通农业产品销售渠道,稳定农户收入,实现在保障农户收入的同时也稳定保险企业收入的目的。从风险管理角度,该模式可有效利用期货市场价格发现和对冲风险机制,完善传统的再保险机制。这种模式既发挥了期货公司的专业能力,为服务"三农"、服务实体经济寻找到了新的途径,又丰富了保险产品的种类,最终实现农户、保险公司、期货公司三方共赢,从而稳定农户收益。

【百姓茶话】

天然橡胶"保险 + 期货"精准扶贫项目让胶农宽心

天然橡胶是重要的工业原料和战略物资,我国天然橡胶种植区域主要集中在云南和海南,多为边疆、少数民族地区和国家级贫困县。以白沙县为例,全县民营橡胶种植面积达 63 万亩,当前实际开割面积 40 万亩,年产干胶 2.4 万~3 万吨,农村人均橡胶保有量居全国前列,胶价好时,橡胶收入在农民家庭收入的占比高达 60%~70%。

近年来,天然橡胶市场价格持续低迷,极大影响了胶农收入,也较为严重地挫伤了胶农割胶的积极性,甚至出现弃割、改种的现象。据了解,2011 年以来,天然橡胶价格从接近 43000 元/吨的高点一路下探至 2016 年初的 10000 元/吨,2018 年底价格大约11000 元/吨。

价格风险是胶农面临的主要风险,是胶农脱贫的最大障碍,也制约着橡胶产业持续稳定发展，解决胶农增收问题需要先解决橡胶价格波动带来的不利影响。欣慰的是，期货市场近年来创新推出的"保险＋期货"模式将价格风险转移至期货市场，当橡胶价格下跌时农户可获得赔付，有效管理了价格风险，这让胶农不再心慌。

据了解，2017 年，在上期所支持下，新湖期货携手人保财险海南分公司在白沙县南开乡开展了国内首单天然橡胶"保险＋期货"精准扶贫试点项目，使该乡 978 户胶农户均增收 500 元，惠及贫困户 352 人，保障了广大胶农的经济利益，保护了胶农割胶的生产积极性。

2018 年，白沙县推动该项目试点工作在各乡镇全面铺开，除打安镇另行创新试点外，全县其他 10 个乡镇 16650 吨橡胶全部购买了期货价格保险。在新湖期货公司协调下，按计划分三期入市，最终了结收益总计 1292.47 万元。按项目购买保险的 16650 吨计算，胶农获每公斤 0.78 元的补偿，按记录在册的参保的总户数 12841 户计算，参保胶农户均增收 1006 元，惠及贫困户 5813 户。

资料来源：金融时报－中国金融新闻网，www. financialnews. com. cn/sc/qh/201911/t20191114_171378.html.

(二) 农业"保险＋期货"运作原理及流程

最近几年，我国物价飞快上涨，尤其日常农产品的价格日益涨高。但是种植生产出这些产品的农民却经常因为天灾而饱受损失，而没有天灾并且生产成果好的时候，又有可能因为市场行情不好而要贱卖产品。这里提到的就是农产品的价格风险，而在以往的保险产品中，并没有直接针对农产品价格波动的保险产品，因此"保险＋期货"就是要解决农产品价格波动的市场风险问题。

传统农业保险主要保障自然灾害等因素造成的农产品歉收风

险，不承保价格波动等市场风险。"保险＋期货"就是农产品价格保险。保险公司开发出保险产品卖给农民，农民买了保险产品，保险公司再把这个产品的风险通过期货公司拿到期货市场上对冲，从而形成一个风险分散链条。

从"保险＋期货"试点项目来看，其主要是价格保险产品、场内期货与场外期权的结合。首先期货公司风险管理子公司与保险公司以商品期货交易所公布的期货合约交易价格为基础，由期货公司风险管理子公司提供期权方案设计，保险公司提供保险产品。随后投保人购入保险公司相关产品，保险公司则通过期货公司风险管理子公司买入看跌期权，进行再保险。因为目前我国法律法规不允许保险公司直接进入期货市场进行期货交易，因此，只能通过期货公司以购买场外期权的方式避险。当保险期内挂钩期货合约平均价格低于保险约定价格时，按照保险条款，期货公司风险管理子公司对保险公司进行场外期权收益给付，投保人则通过保险公司获得保险赔付。

保险人和被保险人通过保险合约约定一个目标价格，设定目标价格时会在考虑对冲成本的同时，兼顾农户的生产成本、人工，以及一定范围的基本收益，力求保障农户一年辛苦不会白费。如果在保险期限内，期货合约交易的平均价格低于目标价格，中间的差价由保险公司赔偿。以橡胶为例，假设保险产品约定价格为1.4万元，如果市场价格大于约定价格时，农民卖出现货自然赚了；如果市场价格小于约定价格，例如市场价格为1.1万元时，农民可获差价赔偿3000元（14000－11000）。

【专家论道】

农产品的期货与套期保值

期货是一种跨越时间的交易方式。买卖双方透过签订合约，同意按指定的时间、价格与其他交易条件，交收指定数量的现货。比如一个玉米种植大户，当年种了 10 吨玉米，在秋季收割之前，一吨玉米的价格是 1900 元，该农户担心在玉米收割之后，玉米价格或有下跌的可能，于是就到期货交易所，提前签下合同，把自己即将收割的 10 吨玉米以 1900 元/吨的期货价格卖掉，这种为避免或减少价格发生不利变动的损失、而以期货交易临时替代实物交易的一种行为，就叫作套期保值。即便在秋季玉米收割后，玉米的市场价格真的大幅下跌，该农户也不会很亏，因为他已经提前在期货交易市场上，把自己的玉米通过期货的方式出售给了别人。

期货交易买卖的场所叫作期货交易所。目前，我国有四大期货交易所，每个交易所交易的期货品类都是不一样的。大连商品交易所主要交易农产品类期货，郑州期货交易所主要交易粮油类期货，中国金融期货交易所主要交易金融类期货，上海期货交易所主要交易有色金属类期货。

在实际中，"保险＋期货"的具体操作流程如下：

（1）项目申请。期货公司和保险公司对接，在期货交易所的允许下，考察并调研地方政府和农户，就项目具体事项及落实情况进行充分沟通，借助"保险"概念，为农户讲解创新场外期权保价效用。

（2）产品设计。结合地方农业特点，期货公司和保险公司共同开展"保险＋期货"项目，为当地农户量身定制农产品"保险＋期货"风险管理方案。在方案中，应明确各参与方在项目中所承担的费用比例。目前，为切实保障贫困县农户利益，减轻农户参保负担，政府和农户所共缴纳保费比例在 30％左右。同时，为保障农户价格风险，综合考量成本、市场行情走势等多重因素，期货公司会结合自身优势，选择适当的期权或期货产品。在选择中，还会考虑后续复制推广，以便为农户提供可持续的风险保障。

（3）交易执行。保险合约与期货（期权）交易正式生效执行，期货公司开始实施风险对冲运作。其中，项目约定的保险期限就是风险对冲的交易期限，对冲所需要的交易费由保险公司所收取的保费支付。

（4）到期清算赔付。风险对冲合约与保险合约同时到期，期货公司与保险公司进行风险对冲到期清算后，向保险公司支付衍生品合约到期价值。保险公司根据保险相关条款完成清算后，对被保险人执行相应保险理赔程序。

小　结

1. 在农业保险风险中，道德风险是存在于投保人、被保险人和保险人之间的频发风险。其主要原因在于投保人投保前信息隐匿和灾后不及时自救、对保险人行为的规范和监督存在监管漏洞以及地方政府对农业保险的认识不到位。对于农业保险道德风险的管理，常见做法是加强对农户的宣传力度、保险公司内部控制以及农业保险市场监管，而新的管理趋势还包括创新农业保险产品、运用信息科技手段等方式。

2. 农业大灾风险常被定义为超出保险经营者偿付能力限度及可控范围的不确定损失事件。农业大灾保险和农业再保险是分散农业保险经营过程中的大灾风险有效手段，目前我国对农业大灾风险管理仍处于探索阶段，保险体系也将更加完善。

3. 在农业领域开展"保险＋期货"是一种利用金融衍生工具转移风险、保障农民收入的跨金融市场的创新模式，是防范农业市场风险的有效手段，可以实现保险公司和期货公司的优势互补，在精准扶贫工作和助力产业发展方面能够发挥重要作用。在"保险＋期货"模式中，农业经营者或企业为规避市场价格风险向保险公司购买期货价格保险产品，保险公司通过向期货经营机构购买场外期权将风险转移，期货经营机构利用期货市场进行风险对冲。

参考文献

［1］丁少群. 农业保险学 ［M］. 北京：中国金融出版社，2015.

［2］冯文丽. 农业保险概论 ［M］. 天津：南开大学出版社，2019.

［3］李丹. 农业风险与农业保险 ［M］. 北京：高等教育出版社，2017.

［4］刘小红. 农业保险财政补贴法律制度研究 ［M］. 北京：法律出版社，2017.

［5］龙文军，等. 农业保险简明知识读本 ［M］. 北京：中国农业出版社，2008.

［6］牛荷. 佳格天地：知天而作 ［J］. 农经，2018（8）：54 - 58.

［7］农业保险条例 ［M］. 北京：中国法制出版社，2012.

［8］庹国柱. 庹国柱农业保险文集（续）［M］. 北京：中国农业出版社，2018.

［9］王鑫，叶林祺. 浅析农业保险中的道德风险 ［J］. 甘肃金融，2018（5）：15 - 18.

［10］王国军，王冬妮，陈璨. 我国农业保险不对称信息实证研究 ［J］. 保险研究，2017（1）：91 - 100.